国立国際医療研究センター病院の

# 腎機能を守る おいしい食事 大全科


［医学監修］ 国立国際医療研究センター病院 院長補佐／腎臓内科診療科長 髙野秀樹

［栄養監修］ 国立国際医療研究センター病院 栄養管理部

［料理監修］ 貴堂明世 管理栄養士




主婦の友社

# はじめに

腎臓はそら豆のような形をした、握りこぶしくらいの大きさの臓器です。血液から老廃物をとり除き、尿として出すという重要な役割を担っています。腎臓があるおかげで、私たちの体は健康を維持することができるのです。腎機能が落ちると、体内の水分バランスがくずれ、むくみ、だるさ、息切れ、めまい、食欲低下などの症状が現れます。腎臓が悪くなる原因はいろいろありますが、だんだんと腎機能が低下してくる病気の総称が「慢性腎臓病（ＣＫＤ）」です。

慢性腎臓病が怖いのは、腎機能が3分の1程度まで低下しないと症状を自覚することができないからです。大切なのは、腎機能が低下していることを指摘されたら、病院を受診し、必要であればすぐに治療を始めることです。病気を進行させないためには、生活習慣の改善が欠かせません。なかでも重要なのが食事療法です。

慢性腎臓病の食事療法の基本は「食塩摂取を1日5g未満に抑えること」「たんぱく質の適切な摂取」「1日の摂取エネルギー量の適正化により体の機能を維持すること」の3点。さらに病態に合わせてカリウムやリン、水分の制限を行います。

食事療法を始めるときは、自分で判断せず、医師や管理栄養士の指示のもとに行いましょう。まずは自分の病態について正しく知り、なぜ、そのような食事が必要かをきちんと理解したうえで、自分に合った食事療法を行う必要があります。めざすべき食事は一人ひとり異なります。同じ患者さんでも、病状が変化すれば、適切な食事も変わる可能性があるのです。

食事療法は継続が大事ですが、たんぱく質量、食塩量、エネルギー量を計算しながら毎日の献立を考えるのは大変なことです。本書では、たんぱく質量や食塩量を抑えてもおいしく食べられる工夫をした料理や献立を紹介しています。料理のコツを知り、薄味の食事に慣れることから始めましょう。

あわせて本書では、病気や治療を理解するための基礎知識も解説しました。

＊腎臓病のなかには、腎臓の血流障害、感染症、結石や嚢腫による尿路閉塞などが原因で起こる急性腎機能障害がありますが、本書は慢性腎臓病の患者さんの食事療法を目的としています。

＊糖尿病、脂質異常症、高血圧があるかた、糖尿病性腎症を合併している場合は、食事療法を始める前に主治医に相談してください。

# 目次

## 2章　1週間献立と単品料理

## 3章 腎臓に負担のかからない生活習慣

## 4章　腎臓が悪くなる病気の原因と治療



## 食品栄養データ

## この本の特徴

**本書は慢性腎臓病（CKD）の軽度から中等度のかたの食事療法を目的としています。医師から、食事とたんぱく質の制限を指示されたかたのための本です。**

### 1日のエネルギー1800kcal、たんぱく質50g、食塩量5g

1日のたんぱく質指示量が50gの人を対象に、食塩量5gを基本としています。献立はエネルギー1800kcalを想定して組み立てています。

### 主食は通常のご飯「1食180g」

主食は通常のご飯180gを基本とし、パンやめん類のメニューもとり入れています。主食を市販のたんぱく質調整食品に置き換える場合は、そのポイントも紹介しています。上手に活用してください。

### 主菜は1食10〜15gと低たんぱく

主菜は1食のたんぱく質が10〜15gのものを掲載しています。なかには10g以下の料理もあり、たんぱく質指示量が40gの人も活用できます。あわせて塩分も抑えているので減塩にもつながります。

### 副菜と汁物はすべて減塩レシピ

副菜は主菜のボリュームを補う役割も果たします。油や砂糖を上手にとり入れながら、食塩は1g以下に抑えたおいしいレシピとポイントを紹介しています。

### カリウム、リンのとり方を紹介

症状によって、カリウムの制限が必要になることもあります。カリウムを減らす方法やリン、水分のとり方のアドバイスをしています。

### 日常よく使う食材の栄養データも掲載

料理とは別によく使う食材の栄養データも掲載。卵1個、あじ1尾といった、日常でよく使う単位で数値を掲載。カラー写真で示しているので、ひと目でわかります。

### 腎臓病の解説と日常生活のアドバイスを掲載

食事療法を成功させるために知っておきたい腎臓病の基礎知識をわかりやすく解説しています。また、日常生活を見直すアドバイスも掲載しています。

# この本の決まりごと

## レシピのこと

- 計量単位は、1カップ＝200mℓ、大さじ1＝15mℓ、小さじ1＝5mℓです。小さじ1/ 6以下の分量は重量（g）の数量で表示しています。
- 分量は1人分が基本ですが、一部常備菜などは作りやすい分量となっています。2人分作る場合は倍をめやすに増やしますが、腎臓病の人はとり分ける量は守りましょう。
- 材料にある食材の重量（g）は、特に記載のない限り廃棄する部分（野菜の皮や種、魚の骨など）を除いた正味量（実際に食べる部分）です。食材のめやす量と正味量については、175ページからの食材栄養データ編を参考にしてください。
- 塩は特に表記がない場合は精製塩を、しょうゆは濃口しょうゆを基本とし、薄口しょうゆを使う場合は明記しています。みそは淡色・辛みそを使っています。甘みそは食塩相当量とたんぱく質が少なめですから、お好みでとり入れてください。
- 「だし」は指定があるもの以外は、天然素材を使った無添加のだしを使っています。手作りのだしのとり方は112ページに掲載していますので、参考にしてください。
- 電子レンジの加熱時間は、600Wの場合のめやすです。500Wの場合は、加熱時間は2割増にして調整してください。

## 栄養成分値のこと

- 175ページからの食材の栄養データは「エネルギー」「たんぱく質」「食塩相当量」に加え「カリウム」「リン」「水分」の数値を示しています。
- 52～115ページの料理の栄養データは、1人分の「エネルギー」「たんぱく質」「食塩相当量」の数値を示しています。
- 栄養成分値は、「日本食品標準成分表2020年版（八訂）」の数値をもとに算出したものです。食品の成分値は、品種や産地、季節などの条件によって違います。成分値は平均的な数字ですので、めやすとしてください。

*この本の栄養成分値に使われている記号には、次のような意味があります。

| | |
|---|---|
| 0 | まったく含まないか、含まれていないとみなす |
| 微 | 0ではないが、微量 |

腎臓病とはどんな病気？
腎臓に負担をかけない
食事とは？

# 1章

# 腎臓病の基礎知識と食事の基本

腎機能を守るには、その機能について知り、そのうえで食事療法にとり組むことが大切です。

腎臓病の食事療法は、適切なエネルギーとたんぱく質の摂取、食塩の制限が基本。この章では、食事療法のカギとなるたんぱく質に重点をおいて、どのような栄養素なのか、適切にとるポイントを解説しています。

あわせて、食事療法を効率的に、長続きさせるために役立つ食材や調味料の選び方など、毎日の食事で実践するためのコツも紹介しています。

# Q1 腎臓病は治るの？

## A 生活習慣を変えることで予防あるいは進行を遅らせることができる！

腎臓病は大きく二つに分けられます。ひとつは、急激に症状が出る急性腎障害（ＡＫＩ）。もうひとつは、気がつかないうちにゆっくり病気が進行する慢性腎臓病（ＣＫＤ）です。急性腎障害は、脱水による腎臓の血流減少、感染症、薬剤の影響、結石や腫瘍による尿路閉塞などが原因で起こります。早い段階で治療をすれば完治することも多い病気ですが、救急医療を要するほど重症になる場合もあります。原因や合併症によっては、慢性腎臓病や末期腎不全になることもあります。

**慢性腎臓病は、原因となる病気の種類にかかわらず、腎機能が徐々に低下していく病気の総称です。**早期であれば治療により完治することもありますが、進行すると治療をしても治ることはありません。**治療をせず放置すると進行して腎不全になり、透析治療が必要な状態になります。**心筋梗塞や心不全、脳卒中などの命にかかわる血管疾患になる危険性が高くなることもあるので注意が必要です。

慢性腎臓病は、日本に１３３０万人、成人の８人に１人が罹患しているとされています。腎機能はかなり低下するまで自覚症状が出ません。**健康診断などで腎臓病**

## 慢性腎臓病（CKD）の進行

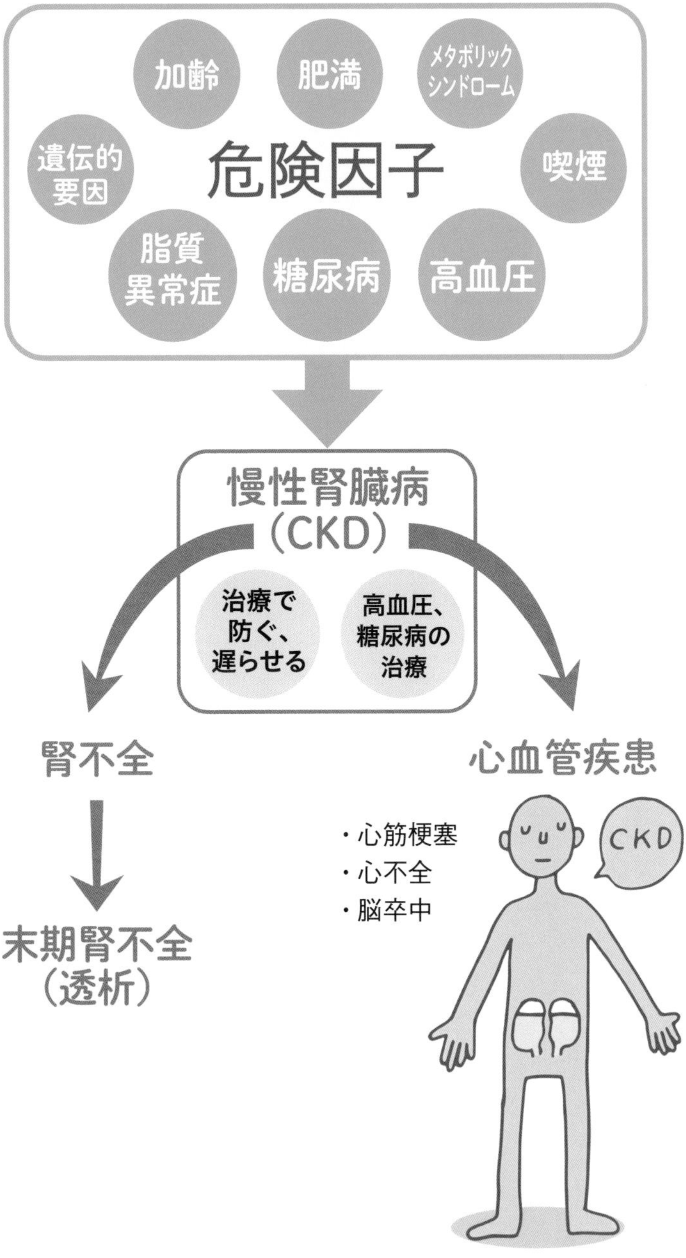


に注意が必要と言われたら、どの段階でも進行予防のための治療や生活習慣の改善を行い、腎不全や心血管疾患を予防しましょう。

# Q2 腎臓は体の中でどんな働きをしているの？

## A 腎臓は左右に二つあるそら豆の形をした臓器で尿をつくっています

腎臓は、背中側の腰の上部に左右ひとつずつあるそら豆のような形をした、握りこぶしくらいの大きさの臓器です。全身をめぐってきた大量の血液から、尿素、尿酸、クレアチニン、アンモニアなどの老廃物をとり除き、尿として排泄させることが腎臓のもっとも重要な働きです。

腎臓に運ばれた血液は糸球体でろ過され、老廃物を含む「原尿」という液体がつくられます。原尿は尿細管に流れ、電解質やアミノ酸、ブドウ糖など体に必要な成分を再吸収されて、残った液体は、集合管を通って、腎盂《じんう》という腎臓の内部に流れ込み、尿管を通って膀胱へ集められ、最終的に尿として体外に排出されます。

血液のろ過装置である糸球体は、毛細血管がいくつも絡み合った毛玉のようなもので、「ボーマン嚢《のう》」という袋におおわれています。糸球体とボーマン嚢を合わせて「腎小体」といいます。腎小体と尿細管はセットで「ネフロン」と呼ばれます。左右の腎臓には合計２００万個のネフロンが存在し、常に血液のろ過を行っています。糸球体で１日にろ過されてできる原尿は、約１５０～１８０ℓ。ただし、そのほとん

# 腎臓の形としくみ

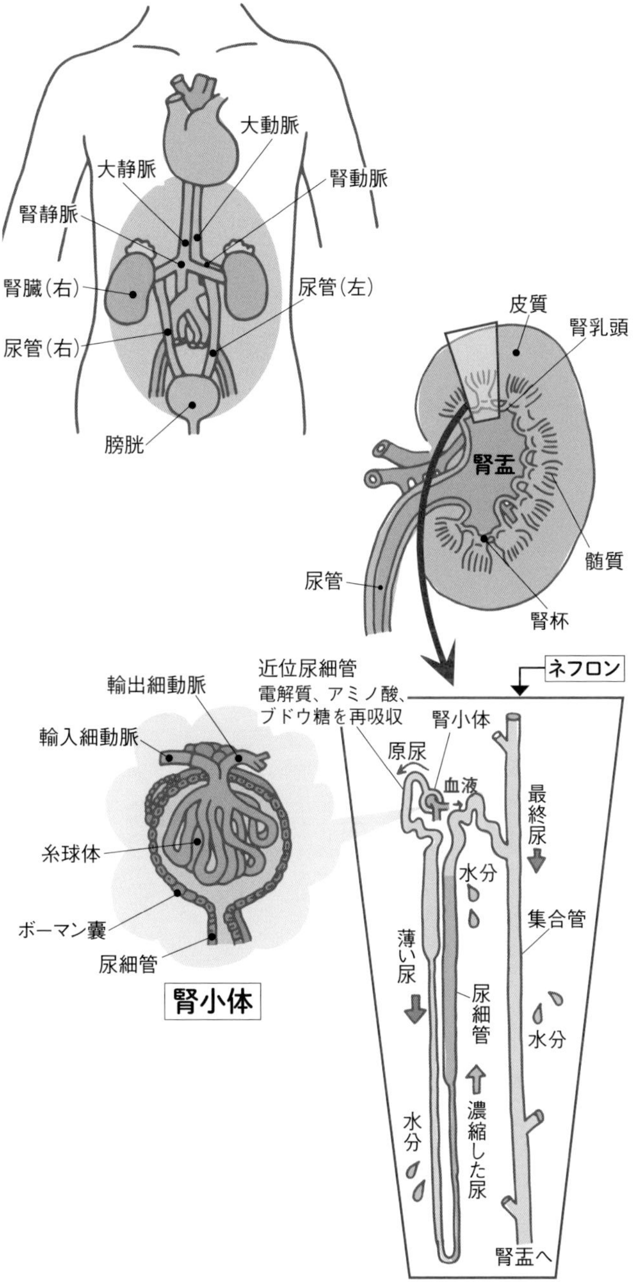


どが尿細管で再吸収されるため、実際の尿の量は1日に1～1・5ℓ程度です。

ネフロンがたくさんあるのは、ネフロンの一部に障害が起きても、ほかのネフロンで機能をカバーできるようにするためです。腎機能がかなり低下するまで自覚症状が出ないのは、このためです。

## Q3 腎臓の働きは尿をつくるだけ？

## A 腎臓には体を一定の状態に維持するための働き（恒常性）があります

腎臓の主な働きは、血液をろ過して、老廃物や余分な水分、電解質を尿として体外に排泄することです。これにより、体内には老廃物がたまらず、水分や電解質が一定の状態で保たれます。たとえば、正常な成人の体内の水分量は体重の約60％です。これ以上になると、むくみが出てきます。**腎臓は、体内で常に正常な水分量が保たれるように調節しています。**このように、体の中を一定の状態に保つ「恒常性の保持」は、生命を維持するための大切な機能です。**腎臓は、生物が生きるために極めて重要な恒常性を保つ働きをしているのです。**

もうひとつの**腎臓の重要な働きは、内分泌器官としての働きです。**体の機能の調節や制御に必要な各種ホルモンの分泌を行うことを「内分泌」といいます。腎臓では、血圧上昇にかかわるレニンというホルモンの産生と調節を行ったり、赤血球の生成にかかわるエリスロポエチンというホルモンを産生して貧血を防いだり、ビタミンDを活性化して、小腸からのカルシウムの吸収や骨の新陳代謝を促したり、骨の丈夫さや体内のカルシウムバランスを維持するなどの働きをしています。

## 腎臓で尿がつくられる経路

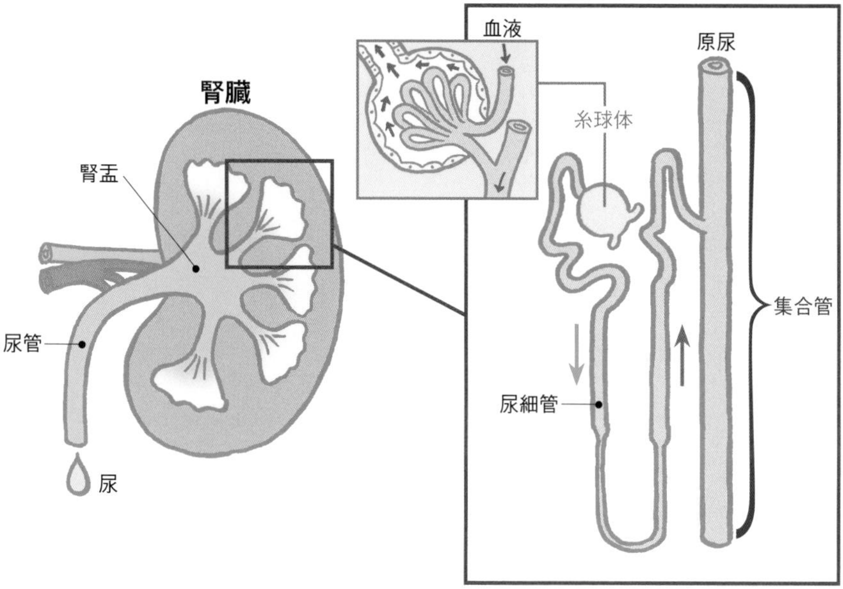


## 腎臓の主な働き

血液をろ過して、老廃物や余分な水分、
電解質を尿として体外に排泄

- 老廃物の除去
- 水分調節
- 電解質の調節

### 内分泌器官としての働き

- 血圧上昇にかかわるレニンの産生
- エリスロポエチン（造血ホルモン）の産生
- ビタミンＤの活性化

# Q4 腎臓が悪くなるとどうなるの？

## A むくみ、だるさ、息切れが出たら腎臓が悪くなっているかもしれません

慢性腎臓病は、初期の段階では自覚症状はほとんどありません。自覚症状が現れるのは、病気がかなり進行して、腎機能が半分から3分の1まで低下した頃からです。腎機能が低下すると、**むくみ、だるさ、息切れ、めまい、食欲低下、吐きけ、嘔吐、呼吸困難などの症状**が現れます。

むくみは、腎臓病の代表的な自覚症状です。腎機能が低下すると体内の水分と塩分のバランスがとりにくくなります。そのため、体内に水分や塩分がたまることで、むくみが起こります。むくみは足や手に出やすく、特に足は重力の関係でむくみになりやすいため、靴下の跡がはっきりと残る、すねを指で押してもしばらく元に戻らないなど、気づきやすい特徴があります。朝、起きたときに、目のまわりがはれぼったいなど、顔がむくむこともあります。腎臓病が重症化すると肝臓や肺、心臓など内臓にむくみが生じることもあります。**内臓のむくみは呼吸困難や心不全などを起こす危険性**もあります。

尿の異常も腎臓病の症状のひとつです。尿が白く泡立つ場合は、タンパク質や糖

分が増えているかもしれません。血尿といって尿に血液が混じる場合もあります。感染症で尿に白血球が混じり白っぽくなることもあります。腎機能の低下は尿の量の変化にも現れます。健康な人の尿は1日1～1・5ℓですが、腎機能が低下しはじめる初期には、1日3ℓ以上に増加することもあります。さらに腎臓病が進むと、乏尿《ぼうにょう》といって、尿がほとんど出なくなることもあります。

## 腎臓病の主な自覚症状

# Q5 健康診断で腎臓病に注意したほうがいいと言われたけれど……

## A 健康診断で腎臓病に関する項目はさまざま。検査の意味を理解することが大事

腎臓病の早期発見のためには、定期的な健康診断が欠かせません。健康診断で腎臓病に関する項目は多岐にわたります。

**尿検査では尿タンパク、尿潜血（血尿）が腎臓病の代表的な検査です。**腎臓が健康な場合は、タンパク質や赤血球などが尿に排泄されることはありません。しかし、糸球体腎炎や糖尿病性腎症になると、これらが尿から検出されるようになります。糖尿病性腎症の場合、早期であればアルブミンという低分子量のタンパク質が検出されることがあるため、定期的に微量アルブミン尿検査を行うことがすすめられています。血液検査では、クレアチニン値、尿素窒素、尿酸値などが腎臓病に関連する検査です。

また、**腎臓病の原因となる糖尿病、高血圧、脂質異常症に関連する、血圧、血糖値、HbA1c《ヘモグロビンエーワンシー》値、コレステロール、中性脂肪などの項目にも注意する必要があります。**健康診断で基準値を超える項目があったら、専門の病院で検査をすることが大切です。病院では詳しい尿検査、血液検査のほかに、超音波検査（エコー検査）、CT検

査、ＭＲＩ検査などの画像検査や、必要に応じて腎生検という腎臓の組織を顕微鏡で調べる検査が行われます。検査の結果、「尿異常、画像診断、血液、病理で腎障害の存在が明らか」であるか、**「糸球体ろ過量（ＧＦＲ）が60㎖／min／1・73㎡未満」の腎機能低下**がみられるかのどちらか、あるいは両方が3カ月以上持続する場合に、慢性腎臓病と診断されます。

## 腎臓病に関する検診項目

☑ **BMI（体格指数）**
25.0以上

☑ **クレアチニン値**
男性　1.1mg /dℓ以上
女性　0.8mg /dℓ以上

☑ **尿酸値**
男性　7.0mg /dℓ以上
女性　5.5mg /dℓ以上

☑ **血圧**
収縮期 130mmHg以上
拡張期 85mmHg以上

☑ **LDLコレステロール値**
140mg/dℓ以上

☑ **HDLコレステロール値**
40mg /dℓ未満

☑ **空腹時血糖値**
126mg /dℓ以上

☑ **HbA1c**
（ヘモグロビンA1c）
5.8以上

☑ **腹囲**
男性　85cm以上
女性　90cm以上

☑ **尿タンパク**
陽性（+以上）

☑ **尿潜血**
陽性（+以上）

☑ **中性脂肪値**
150mg /dℓ以上

# Q6 腎機能を保つために日常生活でできることはある？

## A 慢性腎臓病は薬物療法と食事療法に加え、日常生活に気をつけましょう

健康診断で基準値を超える項目があり、「まだ病気と診断される状態ではないけれど、注意してください」と言われたら、腎機能を守るために、日常生活への配慮が必要です。自覚症状がなくても腎臓は黄色信号です。腎機能を保つためにできることを日常生活にとり入れましょう。

腎機能を守るためにできることはたくさんあります。食事への配慮はもっとも大切です。食事以外では、疲れをためず、安静にしすぎず、規則正しい生活を送ることが重要です。具体的には、適度な運動、質のよい睡眠、規則正しい生活などが、腎機能を守ってくれます。これらは、腎臓病の原因となる糖尿病、高血圧、脂質異常症の予防にも役立ちます。

すでに慢性腎臓病と診断された人は、きちんと通院して治療を続けることが大切です。慢性腎臓病は、自覚症状がなくても、自然によくなることはありません。治療を続けないと腎臓病が進行して、徐々に腎機能が低下していきます。適切な治療と腎機能を気づかう日常生活が、長く腎機能を保つためにできることです。

# 腎機能を保つためにするといいこと

## 適度な運動

適度な運動は腎機能を保つだけでなく、健康を保つためにも大切です

## 規則正しい食生活<br>腎機能を保つ食事

規則正しい食生活は生活習慣病すべてを予防、改善します。腎機能を保つ食事については本書を参考にしてください

## 質のよい睡眠

6～8時間の適度な睡眠は腎臓病の進行を抑えるのに役立ちます

## 定期的な通院

腎臓病と診断されたら、自覚症状がなくても、医師に言われたとおりに通院して、腎機能をチェックすることが大切です

## リラクゼーション

自分なりのリラクゼーション方法を持つことは、よい睡眠やストレス解消に役立ちます

# Q7 腎機能を保つためにしてはいけないことはある？

## A 不規則な生活や食事、運動不足など いろいろあります

腎機能を保つためには、**いい生活習慣をとり入れて、悪い生活習慣をやめること。**腎臓に悪い生活習慣は、糖尿病、高血圧、脂質異常症などの生活習慣病にも悪い習慣です。**糖尿病に注意が必要な人は、食べすぎ、特に甘いものを食べすぎていないか注意しましょう。高血圧にならないためには、塩分のとりすぎに気をつけます。**過度の飲酒、喫煙、不規則な食生活は、生活習慣病全般によくありません。たとえば、間食、深夜の食事、お酒を飲んだあとのしめのラーメンなどは控えるようにしましょう。こうした食生活は肥満にもつながり、生活習慣病すべての原因になります。肥満そのものが腎機能の低下にもつながっているのです。

肥満を防ぐためにも、運動不足にならないようにしましょう。ただし、疲労は腎臓に負担をかけるので、激しすぎる運動は避けます。あらたまって運動をしなくても、日々の早歩きの習慣、買い物に歩いていくこと、駅の階段を上ることなど、暮らしの中で活動量を上げることができます。過労や睡眠不足・睡眠過多も、腎臓に負担をかけます。日常的なストレスも高血圧の原因になります。

# 腎機能を保つためにしてはいけないこと

## 喫煙

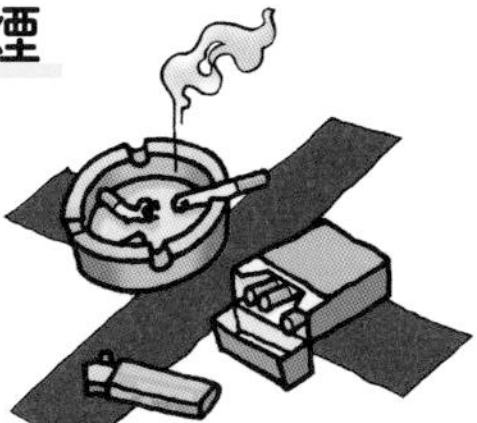

喫煙はすべての病気の原因とされています。また腎臓の血流量を低下させ、腎臓病の進行を早める原因にも

## 睡眠不足・睡眠過多

睡眠は、短すぎても長すぎても生活習慣病の原因となり、腎機能を低下させます。適度な睡眠を

## ストレス

強いストレスが続くと高血圧の原因に。自分なりのストレス解消法を見つけましょう

## お酒の飲みすぎ

大量のアルコール摂取が続くと高血圧の原因に。飲みすぎに注意しましょう

## 運動不足

運動不足はすべての生活習慣病の原因に。散歩するなど簡単な運動からとり入れてみましょう

## 甘いものの食べすぎ

甘い食べ物は血糖値を上げるので食べすぎは糖尿病の原因に。食べたいときはできるだけ糖質の少ないものを

# Q8 腎臓病がどのくらい深刻か、どのようにわかるの?

## A 慢性腎臓病の重症度分類があり、ステージにより治療方針を決めます

慢性腎臓病と診断されたら、治療方針を決めるために重症度を評価します。慢性腎臓病の重症度はCGA分類により評価されます。C（Cause）は腎臓病の原疾患、G（GFR）は腎機能、A（アルブミン尿）はアルブミン尿とタンパク尿のことです。評価は、左ページの表を使って、GFR区分とタンパク尿区分の組み合わせによって決められます。重症度は、緑色を基準として黄色、オレンジ色、赤色の順に高くなります。GFRは「糸球体がろ過できる量」のことで、GFR区分はG1からG5まであります。タンパク尿区分は、原疾患が糖尿病の場合は尿アルブミン定量、原疾患が糖尿病以外の場合は尿タンパク定量でA1からA3まで評価されます。

たとえば、糖尿病G2A1は、表でみると緑色です。黄色の人は、腎臓病がこれ以上進行しないように治療を行います。糖尿病などの合併症がある人は、その治療も同時に行う必要があります。腎障害がどのくらい進行しているのか、定期的に検査をして、腎機能が低下したらそれに適した治療を行います。オレンジ色になったら腎臓病の進行が早くなりますので、検査をこまめに行い、腎不全への進行を遅らせる

# 慢性腎臓病の重症度分類（CGA分類）

<table>
<tr><th colspan="2">原疾患</th><th colspan="2">タンパク尿区分</th><th>A1</th><th>A2</th><th>A3</th></tr>
<tr><td colspan="2" rowspan="2">糖尿病</td><td colspan="2">尿アルブミン定量<br>（㎎/日）</td><td>正常</td><td>微量<br>アルブミン尿</td><td>顕性<br>アルブミン尿</td></tr>
<tr><td colspan="2">尿アルブミン/Cr比<br>（㎎/gCr）</td><td>30未満</td><td>30<br>～299</td><td>300<br>以上</td></tr>
<tr><td colspan="2" rowspan="2">高血圧<br>腎炎<br>多発性嚢胞腎<br>移植腎<br>不明<br>その他</td><td colspan="2">尿タンパク定量<br>（g/日）</td><td>正常</td><td>軽度<br>タンパク尿</td><td>高度<br>タンパク尿</td></tr>
<tr><td colspan="2">尿タンパク/Cr比<br>（g/gCr）</td><td>0.15<br>未満</td><td>0.15<br>～0.49</td><td>0.50<br>以上</td></tr>
<tr><td rowspan="6">GFR<br>区分<br>（mℓ/分/<br>1.73㎡）</td><td>G1</td><td>正常<br>または<br>高値</td><td>≧90</td><td></td><td></td><td></td></tr>
<tr><td>G2</td><td>正常または軽度低下</td><td>60<br>～89</td><td></td><td></td><td></td></tr>
<tr><td>G3a</td><td>軽度<br>～中等<br>度低下</td><td>45<br>～59</td><td></td><td></td><td></td></tr>
<tr><td>G3b</td><td>中等度<br>～高度<br>低下</td><td>30<br>～44</td><td></td><td></td><td></td></tr>
<tr><td>G4</td><td>高度<br>低下</td><td>15<br>～29</td><td></td><td></td><td></td></tr>
<tr><td>G5</td><td>末期<br>腎不全<br>（ESKD）</td><td>＜15</td><td></td><td></td><td></td></tr>
</table>

重症度は原疾患・GFR区分・タンパク尿区分を合わせたステージにより評価する。CKDの重症度は死亡、末期腎不全、心血管死亡発症のリスクを緑　のステージを基準に、黄　、オレンジ　、赤　の順にステージが上昇するほどリスクは上昇する。

日本腎臓学会編「CKD診療ガイド2012」（KDIGO CKD guideline 2012を日本人用に改変）

治療を行います。赤色になったら、透析療法や腎移植を遅らせるための治療を行います。G5の人は透析導入などを検討します。

食事のきほん 1

## なぜ、食事療法が大切なの？

# 食事療法の目的は腎臓の負担を軽くすること

食事療法の目的は、腎臓病の進行を遅らせることと、体調を良好に保つことにあります。腎臓は、体内で絶え間なくできる老廃物や水分、塩分を処理しています。慢性腎臓病はその処理機能に障害が生じた病気です。障害をくい止める方法は、腎臓にかかる負担を減らすことです。それには、食事療法が大切です。食事でとる塩分や、老廃物を生み出すたんぱく質の摂取量を適切にすることが重要です。

腎臓病の食事療法の内容は、腎臓病の種類や病期、体の状態によって違いがありますが、**大半の腎臓病に共通するポイントがあります**。それは、**①食塩の制限、②たんぱく質の適切な摂取、③適正エネルギー量の摂取**です。医師の診断を受け、治療の方針が決まると、1日の食事からとる食塩量、たんぱく質量、エネルギー量が指示されます。ステージG3とG4では原疾患の治療が難しくなるため、食事療法の比重がより大きくなります。G5では透析療法の検討が必要ですが、この段階以降も、残った腎機能を保つために重要です。

つまり、**食事療法は、慢性腎臓病を進行させないための重要な治療法**なのです。

## 腎機能を守る３つの重要なキーワード

**1 食塩の制限**
体内の水と塩分量の調整を助ける

**2 たんぱく質の適切な摂取**
腎臓の負担を減らす

**3 適正エネルギー量の摂取**
体の機能を維持する

さらに病状によって……

**カリウム・リン・水分の制限**
病気の症状によって、カリウム、リン、水分の摂取量に制限が必要な場合もあります。

## 慢性腎臓病（CKD）の進行と食事療法の経過

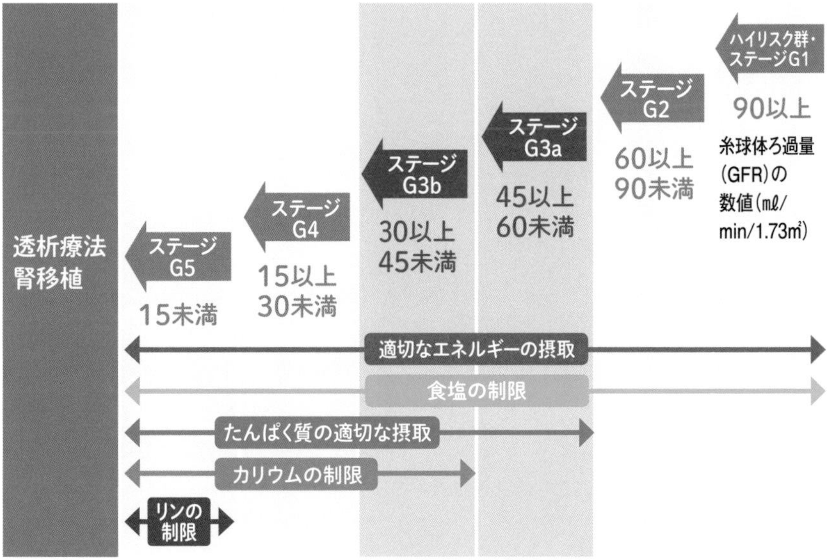


慢性腎臓病はステージ（重症度）Ｇ１からＧ５までの６段階に分けられます。
食事療法が自分に合っているのか、自分で判断するのは難しいものです。
専門の医師や管理栄養士のもと、食事指導を受けながらの管理が必要です。

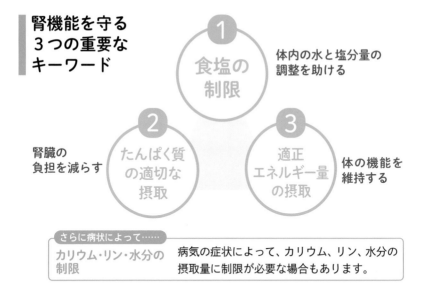

食事のきほん 2

### どのくらいの「減塩」が必要なの？

# 1日の食塩摂取量は「3g以上、5g未満」

腎臓は血圧調整にかかわる臓器です。腎機能が低下すると、余分なナトリウムを尿として排泄する働きが衰えてナトリウムと水分の調整がうまくいかなくなるため、高血圧やむくみが生じます。高血圧が続くと腎臓の働きはさらに低下します。そのため、病気の状態に合わせて食塩の摂取量を減らす必要があるのです。

腎臓病の食事療法では、**1日の食塩摂取量は「3g以上、5g未満」**に抑えることが目標とされています。「国民健康・栄養調査」によると、日本人の1日の食塩摂取量は男性で10・9g、女性で9・3gですから、5割ぐらいに抑えることになります。

厳しい制限ですが、まずは、**自分の食塩摂取量の現状を知ること。食塩を無意識にとってしまう食習慣を見直すこと**が大切です。食塩量の多い食品を食べる頻度や食べ方、食事の傾向をチェックすることで減塩につながります。そのうえで、**食材や調味料の選び方、調理に工夫を加える**などして、おいしく減塩するコツをマスターしましょう。1回に減らせる食塩量はわずかでも、減塩はその積み重ねです。

## 腎臓を守るための１日あたりの食塩摂取基準

（成人の場合）

| | 生活習慣病予防のための目標値（＊） | 慢性腎臓病の重症化予防のための推奨量 |
|---|---|---|
| 男性 | 7.5g 未満 | 3g以上 5g未満 |
| 女性 | 6.5g 未満 | |

WHO（世界保健機関）でも、「5g未満」を目標量として定められています。

食塩はむやみに減らしすぎないこと。低カリウム血症を引き起こす要因にもなります。1日3g以上の塩分は生命維持のために必要です。

（＊「日本人の食事摂取基準・2020年版」より）

### １日の食塩量とは？

1日の食塩量 ＝ 食品（自然の食品＋加工品）に含まれる食塩量 ＋ 調味料に含まれる食塩量

食塩は、調味料はもちろん、パンやめん類、肉や魚、野菜など食品自体にも含まれています。私たちは通常、食品から２ｇ程度の塩分をとっているといわれています。となると、調味料類からとる食塩量は３ｇ程度になります。

### 「塩分」と「食塩量」の違いは？

食塩は化学的には塩化ナトリウムといい、ナトリウムは塩素の化合物です。一方塩分は塩の主成分であるナトリウムをさします。腎臓病や高血圧で問題になるのはナトリウムです。ナトリウムは塩素との結びつきが強く、体内には主に「食塩」のかたちでとり込まれます。そのため、摂取基準も食塩で目標値が定められています。

### ナトリウム値から食塩量を算出するには？

**ナトリウム値からの換算法**

ナトリウム値（㎎）× 2.54 ÷ 1000 ＝ 食塩相当量（g）

| | |
|---|---|
| 熱量（エネルギー） | 480㎉ |
| たんぱく質 | 2.8g |
| 脂質 | 8.6g |
| 炭水化物 | 7.7g |
| ナトリウム | 550㎎ |

<例>ポークカレー（レトルト）100gあたり

**換算**

ナトリウム 550㎎ × 2.54 ÷ 1000 ＝ 食塩相当量 1.397 ≒ 1.4

**食塩相当量は1.4g**

食事のきほん3

## たんぱく質の適切な量とは？

# たんぱく質が多すぎると腎臓の負担になる

腎臓病の食事療法では、腎機能の低下が進むとたんぱく質制限が加わります。食事でとったたんぱく質は、最終的には腎臓に運ばれて再吸収され（血管に戻され）、尿素窒素などの老廃物は尿に流されます。**たんぱく質をとりすぎると腎臓の負担が増すので、制限が必要になる**わけです。たんぱく質をどの程度減らすかは、患者さんの腎機能やあわせ持つ病気の状態や体格によって考慮されます。たとえば「たんぱく質は1日50 g」といったためやすが医師から指示されます。病気が進行すればより厳しい制限が必要になります。

とはいえ、**たんぱく質をむやみに減らすのは禁物**です。食事全体のエネルギー摂取量が不足すると、エネルギーを得ようと体内のたんぱく質を分解して、腎臓に負担がかかります。特に**基礎体力が低下している高齢者は、たんぱく質を制限しすぎてはいけません**。加齢による筋肉量の低下（サルコペニア）や虚弱な状態（フレイル）などの合併頻度が腎不全の進行とともに増加し、末期腎不全の進行を早める要因にもなりえます。**過不足なく、適切な量をとる**ことが肝心です。

## 1日に必要なたんぱく質摂取量のめやす
## 腎臓病の人の場合

**ステージG1、G2の人**　過剰な摂取をしない

**ステージG3aの人**

| 標準体重 | | | | 1日のたんぱく質摂取量 |
| --- | --- | --- | --- | --- |
| kg | × | 0.8～1.0g | ＝ | g |

**ステージG3b、G4、G5の人**

| 標準体重 | | | | 1日のたんぱく質摂取量 |
| --- | --- | --- | --- | --- |
| kg | × | 0.6～0.8g | ＝ | g |

- 専門医の判断と管理栄養士による指導が必要です。
- フレイルの高齢者にはたんぱく質制限はすすめられません。

## たんぱく質の体内での働き

**体の組織を構築する**

たんぱく質は分解と合成をくり返し、臓器や筋肉、皮膚、血液など、体の組織を構成する。

**酵素やホルモンの材料となる**

体の機能を調整する酵素やホルモンは、たんぱく質を材料としてつくられる。

**エネルギー源になる**

体を動かすエネルギー源に。炭水化物や脂質が不足すると、エネルギー源として利用される。

**不足すると……**

筋肉量の低下、肌や髪のトラブル、免疫力が低下して病気への抵抗力が弱くなる。体重や基礎代謝力が低下し、子どもの場合は成長障害、高齢者はフレイルを引き起こす。

**過剰に摂取すると……**

とりすぎた分は尿として排泄されるため、腎臓や肝臓に負担がかかり、内臓疲労を引き起こす。脂質の多い動物性たんぱく質をとりすぎると腸内環境が乱れ、肥満を招く。

食事のきほん
4

## 1日に必要なエネルギー量とは？

# エネルギーは標準体重を維持できる量に

腎臓病の食事療法でたんぱく質の摂取量を控えると、食事の総摂取エネルギー量も不足しがちになります。すると、体を構成する筋肉などのたんぱく質がエネルギー源として分解・利用されます。結果、老廃物が増えて腎臓に負担をかけてしまいます。こうした事態を防ぐために、**たんぱく質を適切にとり、エネルギーも十分にとることが重要**です。たんぱく質の制限が厳しくなるほど、しっかりとエネルギーを確保しなければなりません。

ポイントは、**たんぱく質の摂取を減らしている分、油脂やでんぷん製品、甘味料などで脂質と糖質を補うこと**です。ただ、油っこくて甘ったるい食事になりがちです。いろいろな食品をとり入れるように配慮しながら献立を工夫することが必要です。

一方で、腎機能を低下させる3大リスクである高血圧、糖尿病、脂質異常症を改善するには、エネルギーの過剰摂取を改め、肥満を解消する必要があります。**摂取エネルギーは、標準体重を維持できる適量に調整する**ことが肝心です。それに加えて、合併症やその人の健康状態を考慮して主治医が決めた量に従います。

## 1日に必要な適正エネルギー量の計算式

1日に必要なエネルギー量は、体格や身体活動量を考慮して算出します。さらに肥満かどうか、糖尿病があるかなど、それぞれの患者さんのあわせ持つ要因も考え合わせて、指示エネルギーが決められます。

### 1 標準体重を求める

身長［　　　m］×身長［　　　m］×22(*)＝標準体重［　　　kg］

＊）体格指数を表すBMI（ボディ・マス・インデックス）に基づく。
BMIが「22」のときが病気になりにくい理想的な体重（標準体重）とされています。

### 2 1日の適正エネルギー量を計算する

標準体重［　　　kg］×身体活動量［　　　kcal/kg］＝適正エネルギー量［　　　kcal］

体重1kgあたりに必要なエネルギーは、日常生活の活動量によって異なります。自分に合った数値を選びます。肥満の人は低いほうで計算します。

**低い　25～30**
軽い労作
歩行は1日1時間程度
デスクワークなど軽作業が多い職業

**普通　30～35**
普通の労作
歩行は1日2時間程度
立ち仕事が多い職業

**高い　35～**
重い労作
1日に1時間以上は力仕事に従事している職業など

例）身長170㎝、会社員（男性・デスクワークが中心で、移動も車が多い人の場合）

●標準体重
1.7×1.7×22＝63.58 ➡
小数点以下四捨五入して64kg

●適正エネルギー量
64kg × 30㎉/kg ＝ 1920㎉

## エネルギー量が不足したら？

エネルギー量の不足分は、たんぱく質以外のエネルギー源の脂質、炭水化物（糖質）を増やして補うようにします。

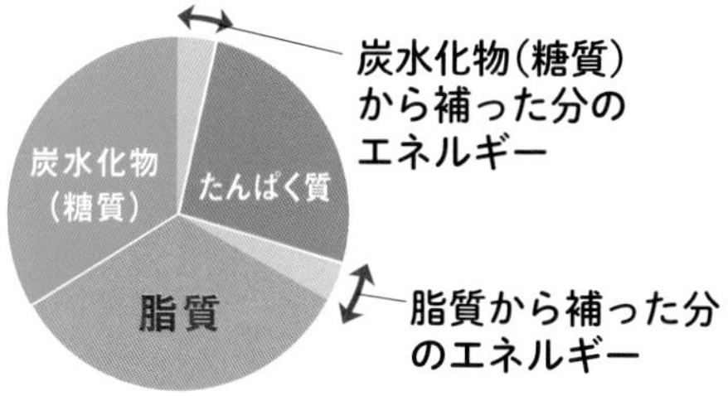

食事のきほん 5

# なぜ、制限が必要なのか？ とりすぎを防ぐには？
# カリウム、リン、水分のとり方

腎機能が良好な状態では、カリウムの摂取は血圧を下げることにつながります。しかし、**腎機能が低下してくると、カリウムを排泄する力が弱くなって、カリウムが蓄積してきます**。血液中のカリウム濃度が高くなると、筋肉の収縮がうまくいかなくなって手足が麻痺したり、心臓が重度の不整脈を起こし、命にかかわることもあります。そこで、**血中カリウム濃度が一定の数値以上になったら、食事からとるカリウムを制限**します。まれですが、ＣＫＤの重症度が低くてもカリウムの制限が必要になることもあります。

病気の進行によって、リンの摂取量に制限が必要な場合があります。血中のカルシウム・リンの値が高くなると、カルシウムの排泄量が増えて骨が弱くなったり、血管の石灰化につながり、動脈硬化の原因になり老化を早めます。そのため**腎不全の状態にある人は、リンのコントロールがとりわけ大切**です。脱水にならないよう水分は多めにとります。むくみが強く尿の量が減っているときには、水分制限をすることもあります。

**透析をしている人では、水分量の調整がとても重要**です。

# カリウムのとりすぎを防ぐコツ

## カリウムの多い果物に注意!

カリウムは肉や魚、卵などのたんぱく源となる食品にも多く含まれています。たんぱく質の摂取が適正であれば、同時にカリウムの摂取量も抑えられます。

**カリウムが多い果物トップ3**　<100g(正味)中の含有量>

アボカド
大1/2個
カリウム 590mg

メロン
小1/6個
カリウム 340mg

バナナ
大1本
カリウム 360mg

## 調理の工夫でカリウム量を減らす

カリウムは水に溶ける性質を持っています。野菜は調理の際に水にさらしたり、ゆでこぼしたりすることで、3～4割減らすことができます。
(47ページ参照)

＊食品は加熱すると、食品の量（かさ）が変わります。ほうれんそうの場合、ゆでてから水けをしぼるため30％ほど重量が減ります。

**ほうれんそう100g(生・正味)とゆでたあと(＊)の栄養価の変化**

| | エネルギー (kcal) | たんぱく質 (g) | カリウム (mg) | リン (mg) |
|---|---|---|---|---|
| 生 | 18 | 2.2 | 690 | 47 |
| ゆでたもの | 16 | 1.8 | 340 | 30 |

カリウムはゆでると半減!

# リンのとりすぎを防ぐコツ

## 無機リンを含む加工品は食べる量や頻度を減らす

リンには有機リンと無機リンがあり、有機リンは主に、肉や魚、卵、乳製品、大豆製品など、たんぱく質が多い食品に含まれています。
注意したいのは、無機リンを含む加工品です。無機リンは吸収率が高く、ソーセージなどの結着材やチーズの乳化剤、炭酸飲料の酸味料など、食品添加物に多く含まれています。

カップめん 97g
(中華スタイル即席カップめん)
リン 97mg

プロセスチーズ
1個20g
リン 146mg

無機リンが多いカップめんは要注意!

ボンレスハム
1枚20g
リン 68mg

賢い食べ方 1

何をどのくらい食べたらいい？

# 食事は「量」と「質」の賢い選択がカギ

健康によい食事とは、「栄養素が過不足なくとれる」こと。腎臓病の食事においても同様です。指示されたエネルギー量とたんぱく質量を守りながら、栄養バランスのよい食事を心がけます。

たんぱく質量を抑えるには、**主食は自分に合った適正量を守ること**、**主菜のたんぱく源となる肉や魚は過不足なくとること**が大切です。まずは、ふだん食べている食品のたんぱく質量を把握しましょう。そのうえで、主菜は肉や魚だけでなく、卵、大豆製品からまんべんなくとり、副菜の野菜もしっかりとり、栄養バランスがよい食事を心がけるようにします。

## 栄養を効率よくとる食事のポイント

❶ 主食は適量を知り、毎日一定量とる
❷ 肉を避けず、魚、大豆製品からも偏りなく
❸ 調理の工夫で、薄味でもおいしく「減塩」
❹ ビタミンが豊富な野菜は、1日350g以上！
❺ きのこや海藻もとり入れて腸内環境改善
❻ エネルギー源の油は良質なものを選ぶ
❼ 食塩やリンが多い加工品は要チェック！

何をどのくらいとる？

## 1日にとる食品のめやす量とたんぱく質量
### ── 1800kcal・たんぱく質50gの場合 ──

下記の写真は、「1日の総エネルギー1800kcal」、「たんぱく質50ｇ」と指示された場合に、1日にとりたい基本的な食品構成例です。組み合わせ方でたんぱく質量は違いますが、参考にしてください。

### 主食になるもの

**ご飯（精白米）**
1日540g（180g×3食）

たんぱく質量で13.5g

### 主菜になるもの

**魚介**
1日30〜50g
たんぱく質量で8〜10g

**卵**
1日1個
たんぱく質量で約6.0g

**肉類**
1日30〜50g
たんぱく質量で4〜10g

**大豆・大豆製品**
1日20〜100g
（豆腐なら50〜100g、納豆なら20〜30g）
たんぱく質量で3〜4g

### 副菜・汁物になるもの

**野菜**
1日
300〜350g
たんぱく質量で2.5〜3.0g

**いも**
1日
50〜60g
たんぱく質量で1.0g前後

**きのこ・海藻**
1日20〜30g
たんぱく質量で0.5〜1g

### 間食・デザートになるもの

**乳製品**
1日80〜100g
（牛乳・ヨーグルト）

たんぱく質量で3.0g前後

**果物**
1日
100〜150g

たんぱく質量で1.0〜1.5g

☆このほか、調味料や油脂、砂糖などでたんぱく質量1〜2gが加わります。

賢い
食べ方
2

あなたのご飯茶碗１杯は何グラム？

# 主食の適量を知り、同じ量をとる

## ご飯茶碗１杯の量をはかり、一定量とる

主食のご飯やパンなどの穀類は、主菜に次いでたんぱく質が多い食品です。自分に適した主食の量を計量して、一定量とるようにします。ふだん使っている茶碗によそってみて、その量を見て覚えておくと、適量を守りやすくなります。

最初は１食分ずつ
計量する習慣を！

１食分ずつを
冷凍しておくのもよい

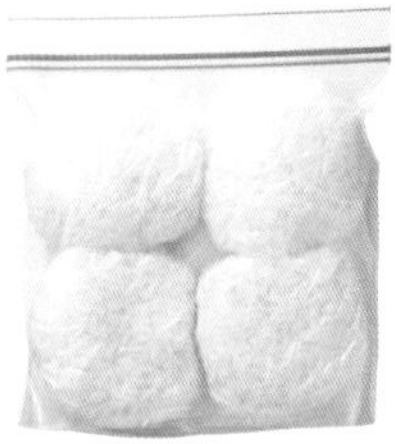

## ご飯茶碗１杯 180g＝食パン２枚弱

主食をご飯でとると、１食180gがめやす。エネルギー量は281kcal、たんぱく質量は4.5g。同じエネルギーをパンでとるとしたら、食パンは６枚切り約２枚になり、たんぱく質量は10.1gと多くなります。ご飯は食塩も含まれていないので、腎臓病の食事としてはおすすめの主食です。

食パンとくらべると、
たんぱく質量は約 1/2 ！

**食パン**
６枚切り２枚弱 113g

エネルギー 281kcal
たんぱく質 10.1g

**ご飯**（精白米）
（茶碗１杯）180g

エネルギー 281kcal
たんぱく質 4.5g

## めんは量を減らして、たんぱく質量を調整

　ご飯180gと同じエネルギーをめん類でとるとしたら、スパゲッティはたんぱく質量10.8g、うどんは7.4g。いずれもご飯より多く含まれているため、量は減らし、不足したエネルギーは油や甘味料などで補うようにします。

### ご飯180g・281kcalと同じエネルギーのめんのたんぱく質量

**スパゲッティ**
（ゆで）187g

たんぱく質
**10.8g**

乾めんには塩が含まれていないので、ゆでるときに塩を入れなければ減塩に

**うどん**
（干しうどんをゆでたもの）
240g

たんぱく質
**7.4g**

干しうどんや干しそばにはめん自体に食塩も含まれているので注意！

## ご飯を低たんぱく質食品に置き換える

　たんぱく質制限が厳しくなったら、主食に低たんぱく質食品を使うのもおすすめです。１日１食、あるいは１日２食置き換えると、主食のたんぱく質が減った分だけ、主菜でとるたんぱく質が増やせます。

### 主食を３食とも低たんぱく質食品に置き換えた場合

＊たんぱく質の指示量が50gの場合

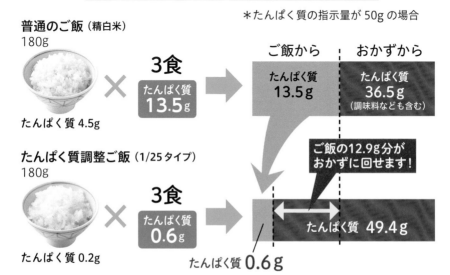

**普通のご飯**（精白米）
180g

たんぱく質 4.5g

× **3食**

たんぱく質
**13.5g**

**たんぱく質調整ご飯**（1/25タイプ）
180g

たんぱく質 0.2g

× **3食**

たんぱく質
**0.6g**

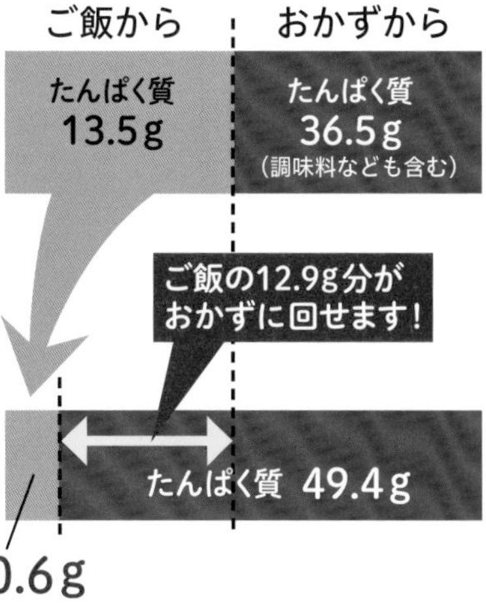

賢い
食べ方
3

# 肉は食べなければいい？は間違い
# 肉、魚、大豆製品からまんべんなくとる

## 肉や魚のたんぱく質量を知り、偏りなくとる

1日の「たんぱく質50g」と指示された場合、主菜でとるたんぱく質量はおよそ25～30gがめやすとなります。肉や魚は部位によって、含まれるたんぱく質量は異なりますので、まずはたんぱく質量を把握しましょう。そして、卵や大豆製品もとり合わせて、偏りなくとるようにします。

**組み合わせ例①** 鶏もも肉と白身魚をメインにして

たんぱく質
29.2g

鶏もも肉50g、白身魚（たい）1/2切れ50g、
卵M玉1個、絹ごし豆腐100g

**組み合わせ例②** あじ小1尾と豚肉をメインにして

たんぱく質
29.7g

あじ小1尾120g（正味54g）、豚肩ロース肉40g、
卵S玉、木綿豆腐100g

## 肉は適度に脂肪を含む部位を選ぶ

牛肉、豚肉ともに１食分のめやすは、薄切りにすると約２枚程度です。もも肉などの赤身より、ほどよく脂肪を含む肩ロースやロース、バラ肉などを選ぶと、たんぱく質の調整がしやすくなります。鶏肉は肉類の中では脂肪が少なく高たんぱくです。もも肉、胸肉ともに皮つきを選ぶと、たんぱく質量が抑えられます。

### ●50gあたりのたんぱく質量

**牛バラ**（カルビ）
薄切り２枚
191 kcal
たんぱく質 6.4g

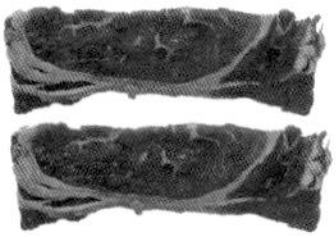

**牛肩ロース**（脂身つき）
薄切り２枚
148 kcal
たんぱく質 8.1g

**鶏もも肉**（皮つき）
約1/5枚
95 kcal
たんぱく質 8.3g

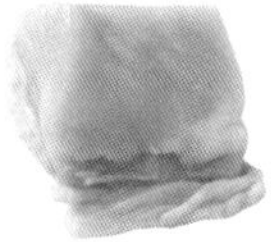

**鶏胸肉**（皮つき）
約1/4枚
67 kcal
たんぱく質 10.7g

## 青背の魚は脂がのったものを、鮭は少量に

青背の魚のなかでは、脂がのったさんまやいわしなどが、比較的たんぱく質が少なめ。白身魚や赤身魚は青背の魚よりたんぱく質量が多く、なかでも鮭やまぐろの赤身は多めです。食べる量に限りがあるので、フライやいため物など、油を使った調理でエネルギーを確保しましょう。

### ●50g（正味）あたりのたんぱく質量

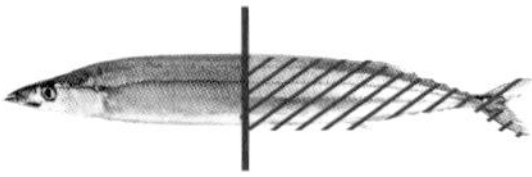

**さんま** 約1/2尾
144 kcal
たんぱく質 9.1g

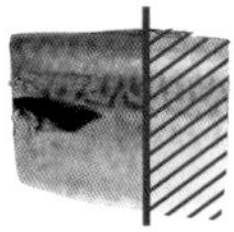

**さば** 約2/3切れ
106 kcal
たんぱく質 10.3g

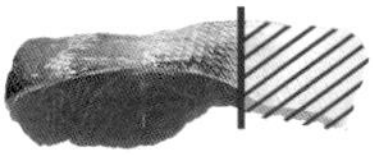

**鮭** 3/5切れ
62 kcal
たんぱく質 11.2g

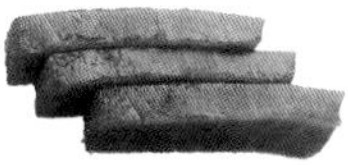

**まぐろ**（赤身）
刺し身用３切れ
51 kcal
たんぱく質 12.2g

## いかやえびはうまみを利用、貝類は塩分に注意！

いか、たこ、えびは高たんぱく食品。1食分20～30gをめやすに、うまみを生かして少量を料理にとり入れましょう。あさり、カキなどの貝類は低たんぱく食材ですが、食塩量が多いので食べる量は控えめに。

### ● 30g（正味）あたりのたんぱく質量

**するめいか**（胴）
1/5ぱい
23 kcal
たんぱく質 5.4g

**えび**（大正えび）
約2尾弱
27 kcal
たんぱく質 6.5g

**あさり**（殻つき）
約13個
14 kcal
たんぱく質 3.0g

食塩相当量0.7gが含まれているので要注意！

## ハム、ベーコン、ツナ缶は少量に

朝食のメニューでは、定番のハムやベーコン、ツナですが、たんぱく質量や食塩量も多く、ハムなどの肉加工品にはリンも多く含まれています。食べすぎないように注意しましょう。

### ● 1食（15～20gがめやす）あたりのたんぱく質量

**ロースハム**
1枚20g
42 kcal
たんぱく質 3.7g　食塩相当量 0.5g

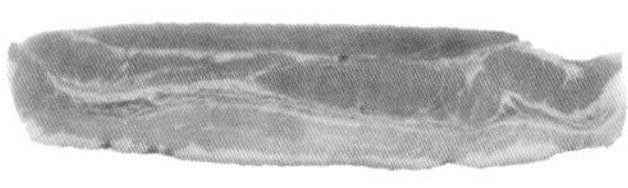

**ベーコン**
1枚15g
60 kcal
たんぱく質 1.9g　食塩相当量 0.3g

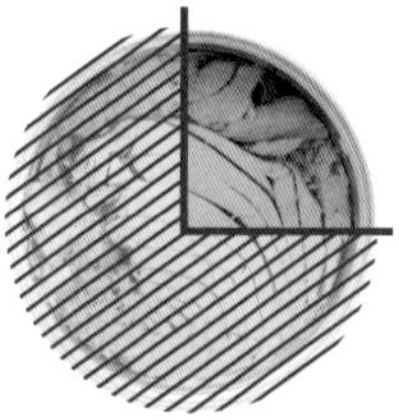

**ツナ缶**（油漬け）
小1/4缶20g
56 kcal
たんぱく質 3.8g　食塩相当量 0.2g

## 木綿より絹ごしを。納豆は１日１食に

● 豆腐100gのたんぱく質量

**絹ごし豆腐**
1/3丁

56 kcal
たんぱく質 5.3g

たんぱく質 1.7g の差！

**木綿豆腐**
1/3丁

73 kcal
たんぱく質 7.0g

たんぱく質量で見ると、木綿豆腐より絹ごしのほうが少なくなります。ただ、絹ごしはボリュームが出にくいので、油を使うなどしてエネルギーアップして上手に活用しましょう。納豆はたんぱく質が多い食品。１日１食にして、20 ～ 25g がめやすです。

● 納豆25gのたんぱく質量

**納豆** 1/2パック
48 kcal
たんぱく質 4.2g

## 卵はサイズの選択を。牛乳は80～100g がめやす

卵と牛乳はどちらも体内で合成できない必須アミノ酸が豊富に含まれた、優良食品。卵はM玉とＳ玉では、Mのほうがたんぱく質量は0.9gも多くなります。牛乳はカリウムやリンが多いので、制限がある場合は摂取量に注意が必要です。

● 卵1個のたんぱく質量

**卵Ｓ玉**
50g（正味43g）

61 kcal
たんぱく質 5.3g

**卵Ｍ玉**
60g（正味51g）

72 kcal
たんぱく質 6.2g

たんぱく質 0.9g の差！

● 乳製品100gのたんぱく質量

**牛乳**（普通）

61 kcal
たんぱく質 3.3g
カリウム 150mg

**プレーンヨーグルト**

56 kcal
たんぱく質 3.6g
カリウム 170mg

賢い食べ方 4

## 野菜と果物でビタミンをたっぷりと！
# 野菜は1日350g以上、果物は100g

### 青菜やブロッコリーはたんぱく質が多いのでとりすぎに注意

野菜にもたんぱく質は含まれています。ブロッコリー、カリフラワーなど、たんぱく質が多い野菜はとりすぎに注意が必要です。日常よく使う野菜で組み合わせ方を考えながら、1日350gの摂取をめざしましょう。

**組み合わせ例①** 緑黄色野菜が比較的多め

野菜量　389g

たんぱく質
4.8g

小松菜1株、ピーマン1個、グリーンアスパラガス（細）2本、ブロッコリー1房、にんじん20g、パプリカ20g、カリフラワー15g、玉ねぎ30g、なす1/2個、大根80g、キャベツ50g

---

**組み合わせ例②** 淡色野菜を少し増やして

野菜量　358g

たんぱく質
3.8g

ほうれんそう1株、ピーマン1/2個、グリーンアスパラガス（細）1本、ブロッコリー1房、にんじん40g、ミニトマト1個、かぶ1/3個、白菜90g、大根100g、長ねぎ20g

## 野菜はゆでるとかさが減り、カリウムも減少

野菜は加熱することでかさが減り、生のサラダで食べるより効率よく摂取できます。さらに、加熱によりカリウム量も大幅に減少しますので、カリウム制限がある場合にはとり入れたい調理法です。

### ●野菜50g(生・正味)とゆでたあとのカリウム量

**キャベツ**
葉1/2枚

カリウム
生100mg

ゆでると

41mg

**小松菜**
約1/2株

カリウム
生250mg

ゆでると

62mg

**ブロッコリー**
3房

カリウム
生230mg

ゆでると

117mg

**にんじん**(皮むき)
約1/4本

カリウム
生140mg

ゆでると

104mg

## 果物１日100g！　手軽な缶詰も活用する

果物はビタミンの供給源です。1日1食100gをめやすに食事にとり入れましょう。缶詰でとると、カリウムはシロップに溶け出し、果肉のカリウム量は少なくなります。ただし、血糖値が高い人は、缶詰の利用は避けるのが賢明です。

### ●カリウムが少ない果物は…

**ブルーベリー**
30粒90g

カリウム
63mg

**いちご**
中1個15 g

カリウム
26mg

### ●果物の「生」と「缶詰」のカリウム量

**みかん** 10房・50g(正味)

生
カリウム75mg

缶詰
カリウム38mg

シロップにはカリウムが
溶け出ているので飲まないこと

賢い食べ方 5

# 調味料の使い方と調理の工夫がポイント 薄味でもおいしく「減塩」

## 調味料の塩分を知り、きちんと計量する

料理を作る際に〝目分量〟では、調味料の使いすぎにつながります。調味料はきちんとはかることを習慣づけて、食塩量を把握しておきましょう。計量スプーンはできるだけ容量の少ない製品を用意したいところです。

### ●塩分１ｇを食塩に置き換えると……

塩分1gとは？

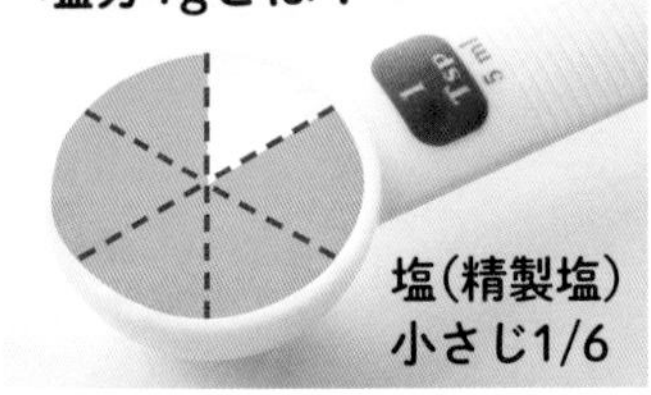


＝ 食塩相当量 1g

＊並塩（あら塩）の場合は小さじ 1/5 が食塩相当量約１ｇです。

### ●しょうゆ、みそ、ウスターソースの塩分1ｇは？

**しょうゆ**（濃口）
**7g**
小さじ１強

**みそ**（辛みそ・淡色）
**8g**
小さじ１と1/3

**ウスターソース**
**12g**
小さじ２

### ●塩は「指ばかり」も活用して

塩は「指ばかり」を活用するのもよいでしょう。表示した量は比較的細い指で実測したものです。自分のひとつまみがどのぐらいになるか、デジタルばかりで確認してみましょう。

**指３本**

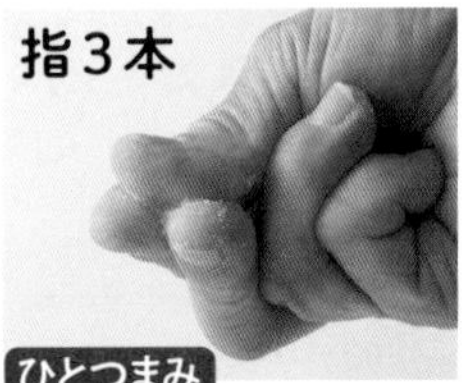

ひとつまみ
0.5g

**指２本**

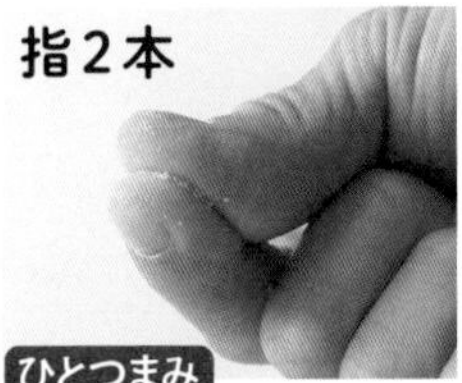

ひとつまみ
0.3g

## 調理の工夫で上手に減塩

　減塩でもおいしい料理を作るには、塩味のほか、うまみ、甘み、酸味、辛み、香りを活用しましょう。最初はもの足りなさを感じるかもしれませんが、味覚は慣れです。そのうち食材の味が豊かに感じられるものです。

### ① 酸味や香り、香辛料を利用する

酢やレモンなどのかんきつ類の酸味は、味のアクセントになり、薄味を感じにくくしてくれます。香味野菜は香りがやわらかく、幅広く使えます。
塩味を引き立てる効果が高いのが香辛料。少し加えただけで味にメリハリがつきます。

### ② 辛みや油のコクも効果大

揚げ物やいため物などは、油のコクで薄味でももの足りなさは感じません。また、焼いた香ばしさも重要な引き立て役です。

### ③ 食材の表面に味をつける

同じ塩みでも、食材の表面に味をつけるほうが、調味料の量を抑えても味がしっかりと感じられます。また、焼き魚などの下ごしらえで片面だけに塩を振るなど、調味料を集中して使うと減塩につながります。

### ④ だしを利用して、素材のうまみを引き出す

汁物や煮物にだしの風味をきかせると、食塩やみその量を減らすことができます。刺し身用のしょうゆもだしで割れば減塩につながります（だしのとり方は112ページ参照）。

### ⑤ 汁物は汁の量を減らし、器を小さく

汁物は汁の量を1/2量ほどに減らすだけでも減塩効果が大。器を小さくして量を減らして具だくさんにすれば、汁の量が減ってもかさが維持でき、満足感が得られます。

**器を小さくして汁の量を減らす！**

器の容量　200mℓ
汁の容量　150mℓ
食塩相当量　1.1〜1.5g

↓

器の容量　120mℓ
汁の容量　60mℓ
食塩相当量　0.4〜0.6g

COLUMN

## 1食に1回は使ってエネルギー補給！
# 油脂の賢いとり方

油脂は効率のよいエネルギー源。ただ、過剰にとると脂質異常症、肥満、動脈硬化などを引き起こす要因になります。適量とることを心がけましょう。

**とりすぎに注意！**

### 常温で固まる「脂」に多く含まれる
### → 飽和脂肪酸

肉の脂身やバター、鶏皮、生クリームなど動物性油脂が代表的。

血管から入って固まり、LDL（悪玉）コレステロールを増やし、動脈硬化を引き起こす要因になる。適量を心がけて。

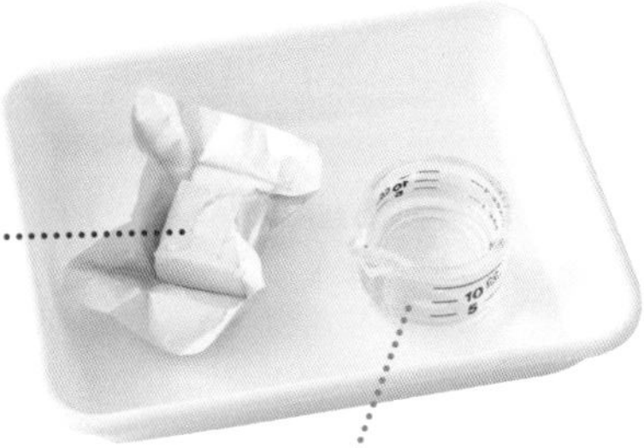

**意識してとりたい！**

### 常温で固まらない「油」に多く含まれる
### → 不飽和脂肪酸

一価不飽和脂肪酸、多価不飽和脂肪酸に分けられ、多価不飽和脂肪酸にはn-6系列、n-3系列などの脂肪酸がある。n-3系にはえごま油、しそ油などに含まれるα-リノレン酸、青背の魚に含まれるEPA（エイコサペンタエン酸）、DHA（ドコサヘキサエン酸）などがある。

n-3系はコレステロールを減らすなど、さまざまな健康効果がある。

### MCT《エム・シー・ティー》オイルを活用！

主食を低たんぱく質食品にかえてもエネルギーが足りない場合は、MCT（中鎖脂肪酸）をとり入れるのも一法です。MCTオイルは、速やかにエネルギーに変わり、血中中性脂肪を上昇させにくい油脂です。市販品には、液状と粉末タイプがありますが、揚げ物やいため物など加熱する料理には使えないため、料理の仕上げにかけたり、飲み物にまぜて使います。

冷ややっこ、みそ汁やスープ、パスタ料理などの仕上げに加えて。

主菜、副菜、汁物、
デザートまで
バラエティに富んだ100品！

# 2章

## 低たんぱく主菜、減塩副菜＆汁物

# 1週間献立と単品料理

1日のエネルギー摂取量「1600 ～ 1800㎉」、たんぱく質量「50g」、食塩量「5g」を想定して、1週間の献立を組み立てています。

1日の食塩量「5g」を実現するためには、主菜の減塩対策とともに副菜や汁物は食塩量1g以下が必須です。たんぱく質量を抑える工夫と薄味でもおいしく食べられるレシピを100品、1週間献立と単品で紹介しています。

●栄養データ
エネルギー、たんぱく質、食塩相当量を表示。いずれも断りがない場合は、1人分（1食分）のめやすです。

●材料の分量
1人分が基本ですが、一部は作りやすい分量となっています。2人分作る場合は倍をめやすに増やしますが、腎臓病の人はとり分ける量を守りましょう。

主菜の鮭は塩麹につけ込んでおくだけ。少量の塩麹でも塩けがほどよく、物足りなさは感じません。みそ汁はなすをいためて、エネルギーをプラスします。

**1日目 朝食**
**524kcal**
たんぱく質 16.9g
食塩相当量 1.5g

## 主菜 鮭の塩麹焼き

**材料（作りやすい分量・2人分）**

生鮭……1切れ（80g）
A ┌塩麹……小さじ2
　│みりん……小さじ1
　└酒……小さじ1
豆苗……30g
にんじん……40g
植物油……大さじ1と½

＊鮭は前日の夜からつけ込んでおくと、味がよくなじみます。

鮭2～3切れをまとめてつけ込み、焼いておくと重宝。

**作り方**

❶ 鮭は4等分に切り、Aを合わせてからめ、1時間以上おく。
❷ にんじんは4cm長さの細切りにし、さっとゆでる。豆苗は長さを半分に切り、熱湯をさっと回しかける。
❸ フライパンに油を熱して鮭を入れ、両面をこんがりと焼き、とり出す。残ったつけだれを❷にからめ、鮭と盛り合わせる。

## 副菜 ほうれんそうのおろしあえ

**材料（1人分）**

ほうれんそう……40g
しめじ（ほぐす）……15g
A ┌大根おろし（水けをきる）…30g
　│酢……小さじ1/2
　│砂糖……小さじ1/3
　│だし、しょうゆ……各小さじ1/3
　└塩……0.1g
ゆずの皮（細切り・あれば）…少々

**作り方**

❶ ほうれんそうはゆでて水けをしぼり、3cm長さに切る。しめじもゆでて水けをきる。
❷ Aを合わせて❶をあえ、器に盛り、ゆずの皮を添える。

## 汁物 なすのみそ汁

**材料（1人分）**

なす……1/2個
ごま油……小さじ1と½
だし……60～80mℓ
みそ……小さじ4/5強（5g）
青じそ（せん切り）……1枚
すり白ごま、七味とうがらし……各少々

**作り方**

❶ なすは1cm厚さの半月切りにし、水にさらす。
❷ なべにごま油を熱してなすをいため、だしを加える。ひと煮立ちしたら、みそを溶き入れる。
❸ 器に盛り、青じそをのせ、ごまと七味とうがらしを振る。

## 主食 ご飯 180g　281kcal　たんぱく質 4.5g　食塩相当量 0g

148 kcal
たんぱく質　9.6g
食塩相当量　0.7g

21 kcal
たんぱく質　1.4g
食塩相当量　0.1g

74 kcal
たんぱく質　1.4g
食塩相当量　0.7g

うどんは汁なしのあえめんにして減塩！　香りのよいにらとねぎのたれ、温泉卵の黄身をからめると塩分控えめでもコクが生まれます。

**1日目 昼食**
**499kcal**
たんぱく質 15.8g
食塩相当量 1.7g

## 主食 主菜 油揚げと香味だれの温玉うどん

**材料（1人分）**

ゆでうどん……200g
にら……20g
小ねぎ……10g
A
- 黒酢（または酢）……小さじ1
- めんつゆ（3倍濃縮）……大さじ1/2
- 砂糖……少々（1g）
- ごま油……小さじ2

油揚げ……1/3枚
温泉卵……1個

**作り方**

❶ にらは5㎜幅に切り、小ねぎは小口切りにする。
❷ ボウルに❶とAと合わせて5分ほどおき、味をなじませる。
❸ 油揚げはフライパンで両面をカリッと焼き、細く切る。
❹ うどんは湯通しして流水で洗い、水けをきって器に盛る。❷のたれをかけ、温泉卵と❸をのせる。

## 副菜 キャベツの蒸し煮

**材料（1人分）**

キャベツ……80g
にんじん（せん切り）……10g
しょうが（せん切り）……薄切り1枚
A
- だし（または水）……小さじ2
- オリーブ油……小さじ1
- 酒、みりん……各小さじ1/2
- 塩……少々（0.2g）
- こしょう……少々

**作り方**

❶ キャベツは手で食べやすくちぎる。
❷ なべに❶とにんじん、しょうが、Aを入れてふたをし、火にかける。途中上下を返し、3分ほど蒸し煮する。

## デザート りんご

皮つき1/3個（80g）

**MEMO**

果物にはたんぱく質も含まれており、アボカドなど比較的多いものもあります。また、生食する果物は、カリウムをそのままとることになるので、カリウム制限がある人は注意が必要です。36ページ、47ページのカリウムのとり方などを参考にしてください。

384 kcal
たんぱく質 14.3g
食塩相当量 1.5g

70 kcal
たんぱく質 1.3g
食塩相当量 0.2g

45 kcal
たんぱく質 0.2g
食塩相当量 0g

鶏肉にマスタードの風味をきかせることで、ソースがなくても満足感が得られます。さらにフライ衣には卵を使いませんが、ふっくらと香ばしく揚がります。

**1日目 夕食**
**599kcal**
たんぱく質 16.6g
食塩相当量 1.5g

## 主菜 マスタード風味チキンカツ

**材料（1人分）**

鶏もも肉（皮つき）……50g
塩……0.2g
こしょう……少々
A 粒マスタード……小さじ1/2
A 小麦粉……小さじ1/2
A 水……小さじ2
パン粉……大さじ2
揚げ油……適量
キャベツ（せん切り）……40g
トマト（くし形切り）……1/6個
レモン（くし形切り）……1切れ

＊チキンカツに味はついていますが、ソースをかけたい場合は、中濃ソース小さじ1程度をめやすに。キャベツには好みでマヨネーズ小さじ1を添えてもOK。

**作り方**

❶ 鶏肉は厚い部分に切り込みを入れて開き、厚みを均等にし、塩、こしょうする。
❷ バットにAをまぜ合わせ、❶をからめ、パン粉を両面にまぶす。
❸ 揚げ油を熱し、❷を入れてカラリと揚げる。
❹ 食べやすく切って器に盛り、キャベツとトマトを添え、食べるときにレモンをしぼる。

## 副菜1 長いもの含め煮

**材料（1人分）**

長いも……60g
A だし……70㎖
A 薄口しょうゆ……小さじ1/3
A 塩……0.3g

**作り方**

❶ 長いもは表面の汚れをこすり落とし、1㎝厚さの輪切りにする。
❷ なべに長いもとAを入れ、落としぶたをして煮立て、中火で5〜6分煮含める。

＊長いもは煮含めると独特の食感が楽しめます。

## 副菜2 きゅうりの青じそもみ

**材料（1人分）**

きゅうり……40g
青じそ……1枚
塩……0.3g

**作り方**

❶ きゅうりは斜め薄切りにし、青じそは小さくちぎる。
❷ ❶をポリ袋に入れて塩を振り、袋ごともんでまぜる。しんなりしたらとり出し、水けをしぼる。

## 主食 ご飯 180g 281kcal たんぱく質 4.5g 食塩相当量 0g

271 kcal
たんぱく質 10.1g
食塩相当量 0.5g

41 kcal
たんぱく質 1.6g
食塩相当量 0.7g

6 kcal
たんぱく質 0.4g
食塩相当量 0.3g

卵にマヨネーズを加えてふんわりと仕上げ、きのこのうまみ、ミニトマトの酸味、パセリの香りをきかせて減塩につなげます。

**2日目 朝食**
**508kcal**
たんぱく質 16.7g
食塩相当量 1.8g

## 主菜 きのことトマトのスクランブルエッグ

**材料（1人分）**

卵……1個
A ┌ マヨネーズ……小さじ1
　 └ 塩……0.3g
ミニトマト（縦4等分に切る）……2個
しめじ（ほぐす）……30g
バター（食塩不使用）……小さじ2
パセリ（みじん切り）……小さじ2
ベビーリーフ……20g

**作り方**

❶ ボウルに卵を割りほぐし、Aを加えてまぜる。
❷ フライパンにバターを溶かし、しめじとミニトマトを入れていため、しんなりしたらパセリ小さじ1を加える。
❸ 卵液を流し入れて、大きくまぜていため、半熟状で火を止める。器に盛り、残りのパセリを散らし、ベビーリーフを添える。

## 汁物 せん切り野菜のスープ

**材料（1人分）**

キャベツ……30g
玉ねぎ……20g
にんじん……10g
オリーブ油……小さじ1/2
A ┌ 顆粒コンソメ……0.5g
　 └ 水……60〜80㎖
塩……0.2g
こしょう……少々

**作り方**

❶ キャベツ、玉ねぎ、にんじんはせん切りにする。
❷ なべにオリーブ油を熱して❶をいため、しんなりしたらAを加えて3〜4分煮、塩とこしょうで調味する。

## 主食 ロールパン・バターとジャム添え

**材料（1人分）**

ロールパン……2個（60g）
バター（食塩不使用）……小さじ2
いちごジャム……小さじ1〜2

## デザート ヨーグルト＆ナッツ

**材料（1人分）と作り方**

プレーンヨーグルト30gは器に盛り、砕いたミックスナッツ（無塩・ロースト）3gを散らし、はちみつ小さじ1をかける。

**34kcal**
たんぱく質 1.8g
食塩相当量 0g

176 kcal
たんぱく質　8.2g
食塩相当量　0.6g

65 kcal
たんぱく質　0.7g
食塩相当量　0.4g

233 kcal
たんぱく質　6.0g
食塩相当量　0.8g

**2日目 昼食**
**519kcal**
たんぱく質 14.7g
食塩相当量 1.3g

鶏ひき肉と厚揚げに味をつけてから小松菜を加え、小松菜のシャキッとした食感を残します。このひと手間で、薄味でもおいしく仕上がります。

## 主食 主菜 厚揚げと小松菜入り鶏そぼろ丼

**材料（1人分）**

ご飯……180g
鶏ひき肉……30g
厚揚げ……1/5枚（30g）
小松菜……1株（30g）
しょうが（せん切り）……薄切り1枚分
A しょうゆ……小さじ1と½
A 砂糖……小さじ1
ごま油……小さじ1
粉山椒（好みで）……少々

**作り方**

❶ 厚揚げは湯通しして1㎝角に切り、小松菜は1㎝長さに切る。
❷ なべにごま油を入れて火にかけ、鶏ひき肉としょうがをいためる。肉の色が変わったら厚揚げも加えていため、Aを加えてさらにいため合わせる。
❸ 汁けがなくなったら小松菜を加え、さっといため合わせる。
❹ 器にご飯を盛り、❸をのせ、好みで粉山椒を振る。

## 副菜 大根のレモン酢あえ

**材料（1人分）**

大根……50g
にんじん……5g
塩……0.3g
A レモンの皮（せん切り）……少々
A レモン果汁……小さじ2
A 酢……小さじ1
A 砂糖……小さじ1

**作り方**

❶ 大根とにんじんはせん切りにし、別々のボウルに入れる。塩を大根に0.2g、にんじんに0.1g振り、5分おく。しんなりしたら軽くもみ、水けをしぼる。
❷ ❶をボウルに合わせ、Aを加え、よくまぜて味をなじませる。

## デザート ぶどう（デラウェア）

小1房（正味100g）

＊みかんやみかん缶にかえても。

**みかん缶**
**10房 50g**
**（果肉のみ）**

**32kcal**
たんぱく質 0.3g
食塩相当量 0g

432kcal
たんぱく質 14.0g
食塩相当量 1.0g

29kcal
たんぱく質 0.3g
食塩相当量 0.3g

58kcal
たんぱく質 0.4g
食塩相当量 0g

あじは多めの油で焼いてエネルギー量を増やします。
さらに熱いうちに南蛮酢につけると味がなじみやすく、
塩分を控えることができます。

**2日目 夕食**
**711kcal**
たんぱく質 17.9g
食塩相当量 1.4g

## 主菜 焼きあじの南蛮漬け

**材料（1人分）**

あじ（三枚おろし）……50g
玉ねぎ……30g
紫玉ねぎ……20g
にんじん……20g
A ┌だし……小さじ2
　│酢……小さじ2
　│砂糖……小さじ1
　│しょうゆ……小さじ1
　└赤とうがらし（小口切り）……少々
かたくり粉……小さじ1
植物油……大さじ2

**作り方**

❶ あじは3～4等分のそぎ切りにし、玉ねぎと紫玉ねぎは薄切りに、にんじんは細切りにする。
❷ ボウルにAを合わせ、❶の野菜をつける。
❸ あじは水けをふいてかたくり粉をまぶし、油を熱したフライパンに並べ入れて両面を焼く。熱いうちに❷につけ、10～15分ほどおいて味をなじませる。

---

## 副菜1 かぼちゃのソテー

**材料（1人分）**

かぼちゃ……40g
A ┌塩……0.2g
　└カレー粉……少々
植物油……大さじ1～2

**作り方**

❶ かぼちゃは薄いくし形に切る。
❷ フライパンに油を熱し、かぼちゃを並べて弱火でじっくりと両面を焼く。
❸ 器に盛り、Aをまぜて振る。

＊かぼちゃは主菜のあじを焼くときに、脇でいっしょに焼くと調理時間の短縮に。

## 副菜2 ミニトマトときゅうりのサラダ

**材料（1人分）**

ミニトマト……3個
きゅうり……50g
A ┌マヨネーズ……大さじ1/2
　└練りがらし……小さじ1/3
サラダ菜……2枚

**作り方**

❶ トマトはへたを除いて縦4つに切り、きゅうりは乱切りにする。
❷ ボウルにAをまぜ合わせ、❶を加えてあえる。サラダ菜を敷いた器に盛る。

## 主食 ご飯 180g　281kcal　たんぱく質4.5g　食塩相当量0g

278 kcal
たんぱく質 11.0g
食塩相当量 0.9g

83 kcal
たんぱく質 0.8g
食塩相当量 0.2g

69 kcal
たんぱく質 1.6g
食塩相当量 0.3g

メインの納豆は、ねばねば食材を合わせて健康効果大。汁物は根菜で具だくさんにして汁の量は減らし、減塩すると同時に、食べごたえを出します。

**3日目 朝食**
**463kcal**
たんぱく質 17.3g
食塩相当量 1.5g

## 主菜 オクラめかぶ納豆

**材料（1人分）**

| | |
|---|---|
| 納豆 | 40g |
| オクラ | 1本（20g） |
| めかぶ | 20g |
| きゅうり | 20g |
| 塩 | 少々（0.1g） |
| 削りがつお | 0.3g |
| A だし | 小さじ1/4 |
| A しょうゆ | 小さじ1/4 |
| ごま油 | 少々 |

**作り方**

❶ オクラはさっとゆでて小口切りにし、きゅうりは塩でもみ、水けをしぼる。

❷ 納豆とめかぶはそれぞれよくまぜて粘りけを出し、器に盛る。

❸ ❶と❷を盛り合わせ、削りがつおをのせ、食卓でAとごま油をかける。

## 副菜 チンゲンサイのかにかまマヨあえ

**材料（1人分）**

| | |
|---|---|
| チンゲンサイ | 60g |
| かに風味かまぼこ | 1本 |
| A マヨネーズ | 小さじ1 |
| A 練りがらし | 小さじ1/4 |
| A こしょう | 少々 |

**作り方**

❶ チンゲンサイは縦半分に切ってゆで、水けをしぼって一口大に切る。

❷ かに風味かまぼこはほぐす。

❸ Aをまぜ合わせ、❶と❷を加えてあえる。

## 汁物 かぶと桜えびのみそ汁

**材料（1人分）**

| | |
|---|---|
| かぶ | 30g |
| 大根 | 50g |
| にんじん | 20g |
| 桜えび | 3g |
| だし | 140mℓ |
| みそ | 小さじ4/5（5g） |

**作り方**

❶ かぶはくし形切り、大根はいちょう切り、にんじんは半月切りにする。

❷ なべにだしと大根、にんじん、桜えびを入れて煮立て、かぶも加えて7〜8分煮る。

❸ みそを溶き入れ、火を止める。

## 主食 ご飯 180g

281kcal たんぱく質 4.5g 食塩相当量 0g

94 kcal
たんぱく質　7.5g
食塩相当量　0.3g

50 kcal
たんぱく質　1.9g
食塩相当量　0.5g

38 kcal
たんぱく質　3.4g
食塩相当量　0.7g

パスタはトマトとさばのうまみ、赤とうがらしの辛みで味を引き締めて、塩分控えめに仕上げます。さらに、副菜は低塩のサラダを合わせて減塩！

**3日目 昼食**
**604kcal**
たんぱく質 16.9g
食塩相当量 1.1g

## 主食 主菜 さば缶とトマトのパスタ

**材料（1人分）**

パスタ（スパゲッティ）……80g
ミニトマト……5個
さば水煮缶……30g
ブロッコリー……20g
しめじ……20g
A オリーブ油……大さじ1と1/3
A にんにく（みじん切り）…少々
A 赤とうがらし（小口切り）‥1/2本
白ワイン（または酒）……大さじ1～2
B 塩……0.8g
B あらびき黒こしょう……少々

**作り方**

❶ ミニトマトは四つ割りにし、ブロッコリーは小房に分ける。しめじはほぐす。
❷ パスタは塩を加えずにゆで、ゆで上がる直前にブロッコリーを加え、水けをきる。
❸ フライパンにAを入れて弱火にかけ、香りが立ったらしめじとトマト、汁けをきったさば缶を加え、トマトとさばをつぶしながらよくいためる。
❹ ❷のパスタとブロッコリー、ワインを加えて汁けをとばしながらいため、Bで調味する。

## 副菜 大根ときゅうりのサラダ

**材料（1人分）**

大根……40g
きゅうり……30g
パプリカ（黄）……15g
フレンチドレッシング（市販品）……小さじ2

**作り方**

❶ 大根、きゅうりはせん切りにし、パプリカは薄切りにする。
❷ ❶をボウルに合わせ、ドレッシングを加えてあえる。

## 飲み物 はちみつレモンソーダ

**材料（1人分）**

レモンの果汁……小さじ1
はちみつ……小さじ1
炭酸水……3/4カップ
ミントの葉（あれば）……少々

**作り方**

❶ グラスにレモンの果汁とはちみつを入れてよくまぜる。
❷ はちみつが溶けたら炭酸水を注ぎ、あればミントの葉を飾る。

524kcal
たんぱく質 16.3g
食塩相当量　0.8g

56kcal
たんぱく質　0.6g
食塩相当量　0.3g

24kcal
たんぱく質　　0g
食塩相当量　　0g

豚肉は沸騰しない程度の湯でゆでるとしっとり！　たれはオイスターソースのうまみを生かして塩分控えめに。副菜は油を使ってエネルギーをプラスします。

**3日目 夕食**
**578kcal**
たんぱく質 16.7g
食塩相当量 2.2g

## 主菜 豚しゃぶの香りだれ

**材料（1人分）**

豚ロース肉（しゃぶしゃぶ用）……50g
レタス……1/4個
貝割れ大根……20g
A
- しょうゆ……大さじ1/2
- オイスターソース……大さじ1/2
- 酢……大さじ1/2
- ごま油……小さじ1/2
- 砂糖……小さじ1/4
- おろしにんにく……少々

**作り方**

❶ レタスは手で大きくちぎり、貝割れ大根は根元を切り落とし、水に放しておく。

❷ なべに湯を沸騰しない程度（80度ほど）に沸かし、塩0.2g（分量外）を加える。火を弱め、肉を1枚ずつ広げて入れ、火が通ったらざるに上げる。

❸ ❶の野菜の水けをきって器に盛り、❷の肉をのせ、Aをまぜたたれをかける。

## 副菜1 さつまいものきんぴら

**材料（1人分）**

さつまいも（皮つき）…50g
A
- 砂糖……小さじ1
- しょうゆ……小さじ1/4
- 赤とうがらし（小口切り）……2～3切れ
- 水……小さじ1

植物油……小さじ1～2
いり白ごま……ひとつまみ（0.1g）

**作り方**

❶ さつまいもは皮ごと3～4㎝長さ、5㎜角の棒状に切り、水にさらし、水けをふく。

❷ フライパンに油を熱して❶を入れ、中火で揚げ焼きにする。火が通ったらAを加えてからめ、ごまを振る。

## 副菜2 きのこのだしポン酢

**材料（1人分）**

まいたけ……15g
しめじ……15g
A
- ポン酢しょうゆ……小さじ1/3
- だし……小さじ1/3
- 一味とうがらし……少々

オリーブ油……小さじ1
小ねぎ（小口切り）……小さじ1

**作り方**

❶ まいたけは食べやすく裂き、しめじは小房に分ける。

❷ フライパンにオリーブ油を熱して❶を強火でいため、熱いうちにAであえる。器に盛り、小ねぎを散らす。

## 主食 ご飯 180g　281kcal　たんぱく質 4.5g　食塩相当量 0g

164 kcal
たんぱく質 10.4g
食塩相当量 1.9g

90 kcal
たんぱく質 0.7g
食塩相当量 0.2g

43 kcal
たんぱく質 1.1g
食塩相当量 0.1g

卵はだしとあおさの香りが味のアクセントに。副菜の小松菜はだしで煮て塩分を抑え、根菜のいため物でエネルギーをプラスします。

**4日目 朝食**
**504kcal**
たんぱく質 14.8g
食塩相当量 1.8g

## 主菜 あおさ入りだし巻き卵

**材料（作りやすい分量・2人分）**

- 卵……2個
- A
  - あおさ（乾燥）……0.5g
  - かに風味かまぼこ（ほぐす）……10g
- B
  - だし……大さじ4
  - 砂糖……小さじ1
  - しょうゆ……小さじ1
  - 塩……少々（0.2g）
- 植物油……大さじ1強
- 大根おろし（軽く水けをしぼる）……60g
- 青じそ……4枚

**作り方**

1. ボウルに卵を割りほぐし、Aを加えてまぜ、Bも加えてまぜる。
2. 卵焼き器に油を中火で熱し、❶の1/3量を流し入れ、全体に広げる。表面が固まる前に巻き、これを芯にして1/3量ずつ卵液を流し入れて焼いて巻く。
3. 食べやすく切り、青じそ、大根おろしと器に盛る。

## 副菜1 れんこんとにんじんの甘酢いため

**材料（1人分）**

- れんこん……30g
- にんじん……20g
- A
  - だし……大さじ2
  - 酒……小さじ1
  - 砂糖……小さじ1/2
  - 酢……大さじ1
  - しょうゆ……小さじ1/2
- ごま油……小さじ1/2
- 一味とうがらし……少々

**作り方**

1. れんこんとにんじんは薄い半月切りにする。
2. フライパンにごま油を熱し、❶をいため、Aを加えていため煮にし、一味とうがらしを振る。

＊いため物は保存がきくので、まとめて作りおきしておくと重宝します。

## 副菜2 小松菜の煮びたし

**材料（1人分）**

- 小松菜……70g
- A
  - だし……80mℓ
  - 酒……小さじ1
  - しょうゆ……小さじ1/2
- 削りがつお……少々

**作り方**

1. 小松菜はゆでて水けをしぼり、3～4cm長さに切る。
2. なべにAを合わせて煮立て、小松菜を加えて1～2分煮る。
3. 器に盛り、削りがつおを振る。

## 主食 ご飯 180g 281kcal

たんぱく質 4.5g 食塩相当量 0g

147 kcal
たんぱく質　7.2g
食塩相当量　0.8g

60 kcal
たんぱく質　1.1g
食塩相当量　0.5g

16 kcal
たんぱく質　2.0g
食塩相当量　0.5g

スープのベースは豆乳とだしであっさりと。ひき肉とごまでコクを出し、豆板醤の辛みで味を引き締めると、塩分控えめとは思えない濃厚な味わいに。

**4日目 昼食**
**584kcal**
たんぱく質 20.3g
食塩相当量 1.9g

## 主食 主菜 豆乳辛み肉みそめん

**材料（1人分）**

| | | |
|---|---|---|
| | 中華めん（蒸し） | 1玉（150g） |
| | 豚ひき肉 | 40g |
| A | ねぎ（青い部分も含む・みじん切り） | 30g |
| A | 豆板醤 | 小さじ1/6 |
| | チンゲンサイ | 15g |
| | もやし | 20g |
| | ごま油 | 小さじ1 |
| B | 豆乳（無調整） | 1/3カップ |
| B | だし（または水） | 1/3カップ |
| B | すり白ごま | 小さじ1 |
| B | 白だし | 小さじ2 |
| B | こしょう | 少々 |
| | ラー油（好みで） | 少々 |

**作り方**

❶ チンゲンサイはゆでて長さを半分に切り、もやしはゆでる。

❷ 中華めんはさっと湯通しして水で洗い、水けをきる。

❸ フライパンにごま油を熱し、ひき肉をほぐしながらいためる。肉の色が変わったらAを加えて香りが出るまでいためる。

❹ なべにBを入れて沸騰しない程度に温め、❷を加えてさらに温める。器に盛り、❶と❸の肉みそをのせ、ラー油を回しかける。

## 副菜1 大根とにんじんのピクルス

**材料（1人分）**

| | | |
|---|---|---|
| | 大根 | 20g |
| | にんじん | 5g |
| A | 酢 | 大さじ1と2/3 |
| A | 白ワイン | 大さじ1 |
| A | 砂糖 | 大さじ1強 |
| | 赤とうがらし（小口切り） | 1切れ |

**作り方**

❶ 大根とにんじんは3㎝長さの拍子木切りにする。

❷ 耐熱容器にAを合わせ、電子レンジで15～20秒加熱する。熱いところに❶と赤とうがらしを入れ、冷めるまでおいて味をなじませる。

## 副菜2 レタスと夏野菜のわさびマヨネーズ

**材料（1人分）**

| | | |
|---|---|---|
| | レタス | 1枚 |
| | きゅうり | 30g |
| | さやいんげん | 2本 |
| A | マヨネーズ | 大さじ1 |
| A | 練りわさび | 小さじ1/4 |

**作り方**

❶ レタスは一口大にちぎり、きゅうりは薄い輪切りにする。

❷ さやいんげんはゆでて斜めに細く切る。

❸ ボウルにAをまぜ合わせ、❶と❷をあえ、器に盛る。

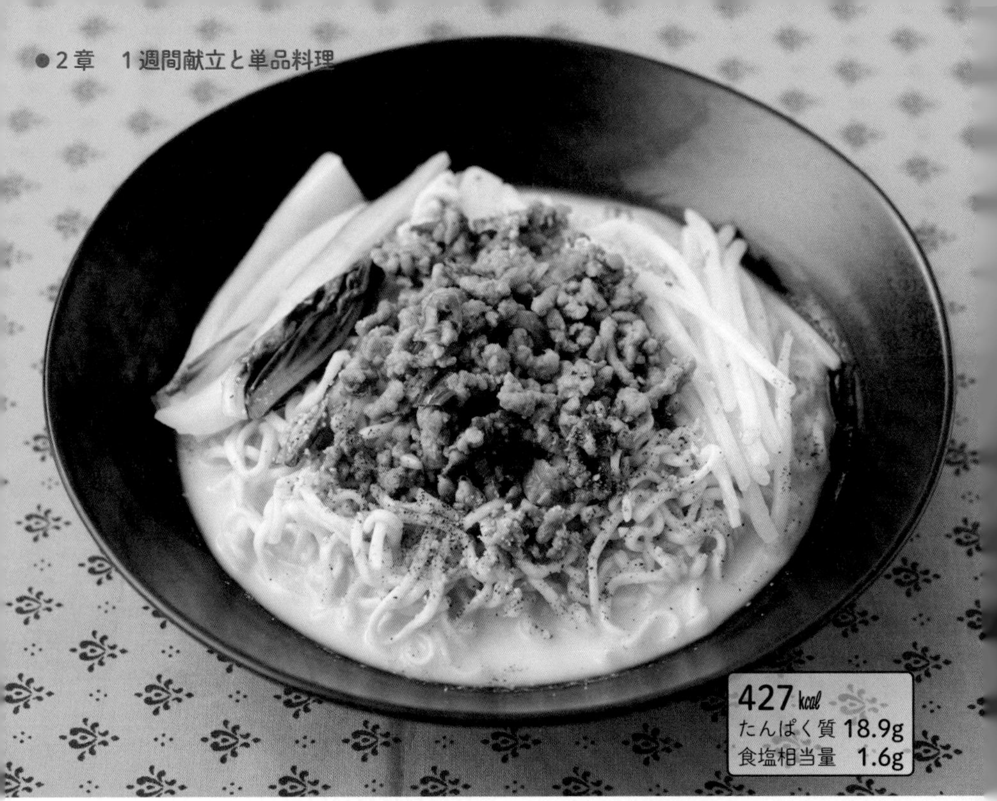

427 kcal
たんぱく質 18.9g
食塩相当量 1.6g

60 kcal
たんぱく質 0.2g
食塩相当量 0g

97 kcal
たんぱく質 1.2g
食塩相当量 0.3g

たいは高たんぱくで低エネルギー。野菜のせん切りを合わせて食べごたえを出し、副菜に揚げ物を合わせてエネルギーを補給します。

**4日目 夕食**
**506kcal**
たんぱく質 16.0g
食塩相当量 1.6g

## 主菜 白身魚の刺し身サラダ

**材料（1人分）**

たい（刺し身用・さく）……40g
大根……20g
にんじん……20g
きゅうり……1/4本
貝割れ大根……10g
A
- 酢……小さじ2
- しょうゆ……小さじ1
- ごま油……小さじ1
- 甜面醤《テンメンジャン》……小さじ1
- おろししょうが……小さじ1/2

ピーナッツ（無塩・ロースト）……3粒

**作り方**

❶ たいは薄切りにする。大根、にんじん、きゅうりはせん切りにして貝割れ大根は根元を切り落とし、ともに水にさらす。
❷ 野菜の水けをきって器に盛り、たいをのせる。
❸ Aを合わせたたれをかけ、あらく刻んだピーナッツを散らす。

---

## 副菜1 なすとオクラの揚げびたし

**材料（作りやすい分量・2人分）**

なす……1個
オクラ（へたを落とす）…3本
揚げ油……適量
A
- だし……大さじ1と½
- みりん……小さじ1
- しょうゆ……小さじ2/3

**作り方**

❶ なすは皮にこまかい切り目を入れ、一口大に切る。
❷ 揚げ油を熱し、❶とオクラをさっと揚げる。なすはそのまま、オクラは小口切りにしてから、Aにつける。

＊食べるときは汁を残す。

## 副菜2 小松菜のおかかあえ

**材料（1人分）**

小松菜……50g
A
- だし……小さじ2
- しょうゆ……小さじ1/4
- 削りがつお……少々

**作り方**

❶ 小松菜はゆでて水にとり、水けをしぼって3cm長さに切る。
❷ ボウルに入れ、Aを加えてあえる。

## 主食 ご飯 180g

281kcal たんぱく質 4.5g 食塩相当量 0g

127 kcal
たんぱく質 10.3g
食塩相当量 1.2g

87 kcal
たんぱく質 0.8g
食塩相当量 0.2g

11 kcal
たんぱく質 0.4g
食塩相当量 0.2g

さばは焼いてからしそと焼きのりをまぜておむすびに。副菜はいため物を、汁物はさつまいもを加えてボリュームを出します。

**5日目 朝食**
**528kcal**
たんぱく質 16.6g
食塩相当量 1.5g

## 主食 主菜 焼きさばのおむすび

**材料（1人分）**

さば……1/3切れ（40g）
A
- 酒……大さじ1/4
- 塩……少々（0.1g）

塩……0.2g
植物油……小さじ1
B
- ご飯……180g
- 青じそ（せん切り）……2枚
- いり白ごま……少々
- 焼きのり（細切り）……1/2枚

**作り方**

❶ さばは2等分に切ってAを振り、30分ほどおく。水けをふき、皮に1～2本切り込みを入れる。
❷ 焼く直前に塩を振り、油を熱したフライパンで両面をカリッと焼く。あら熱をとり、身をほぐす。
❸ Bと❷をボウルに合わせ、3等分にして三角ににぎる。

焼きさばは1/3切れ（40g）が、1食のめやす。

まとめて焼いて保存を。そのまま弁当に、ほぐして野菜とあえたりと重宝。

## 副菜 キャベツとアスパラの和風いため

**材料（1人分）**

キャベツ……50g
グリーンアスパラガス……2本（40g）
にんじん……10g
ごま油……小さじ1
A
- 酒……小さじ1
- みりん……小さじ1/2
- しょうゆ……小さじ1/2

**作り方**

❶ キャベツはざく切りにし、アスパラは斜めに切る。にんじんはせん切りにする。
❷ フライパンにごま油を熱して❶をいため合わせ、にんじんがしんなりしたらAを加えていためる。

## 汁物 さつまいもとわかめのみそ汁

**材料（1人分）**

さつまいも（皮つき）……40g
カットわかめ……0.5g
だし……60～80mℓ
みそ……小さじ4/5強（5g）

**作り方**

❶ さつまいもは皮ごと一口大に切って水にさらす。
❷ なべにだしを入れて❶を加えて煮立て、2～3分煮る。
❸ わかめを加えてみそを溶き入れる。

397 kcal
たんぱく質 13.2g
食塩相当量　0.4g

67 kcal
たんぱく質　2.0g
食塩相当量　0.4g

64 kcal
たんぱく質　1.4g
食塩相当量　0.7g

豆腐は水分が多いまま使うと味が薄まり、その分調味料も多くなります。水けをしっかりきって料理するのが減塩のポイントです。

**5日目 昼食**
**585kcal**
たんぱく質 17.1g
食塩相当量 2.2g

## 主菜 豆腐の簡単和風グラタン

材料（1人分）

| | |
|---|---|
| 絹ごし豆腐 | 100g |
| 長いも | 50g |
| ブロッコリー | 30g |
| A だし | 大さじ1 |
| A めんつゆ（3倍濃縮） | 大さじ1 |
| ピザ用チーズ | 10g |
| あらびき黒こしょう | 少々 |

作り方

❶ 豆腐はキッチンペーパーに包み、10分以上おいて水けをきる。
❷ 長いもは半分はたたき、残りはすりおろす。ブロッコリーは小房に分け、ゆでる。
❸ ボウルに❶を入れてスプーンの背などでなめらかにつぶし、長いもとAを加えてまぜる。
❹ 耐熱皿にブロッコリーを広げて❸をのせ、チーズを散らしてこしょうを振る。オーブントースターで焼き色がつくまで10～15分焼く。

## 副菜 チンゲンサイのごま酢あえ

材料（1人分）

| | |
|---|---|
| チンゲンサイ | 70g |
| ねぎ | 8g |
| A 酢 | 小さじ1 |
| A しょうゆ | 小さじ1/3 |
| A 砂糖 | 小さじ1/2 |
| A ごま油 | 小さじ1/2 |
| いり白ごま | 小さじ1/3 |

作り方

❶ チンゲンサイはゆでて水けをしぼり、一口大に切る。ねぎはせん切りにして水にさらし、水けをきる。
❷ Aを合わせ、❶をあえる。器に盛り、ごまを散らす。

## デザート フルーツポンチ

材料（1人分）

| | |
|---|---|
| バナナ | 30g |
| レモン果汁 | 小さじ1 |
| 白桃缶（缶汁はきる） | 40g |
| みかん缶（缶汁はきる） | 40g |
| A 砂糖 | 小さじ2 |
| A 水 | 大さじ2 |

作り方

❶ Aを耐熱容器に入れて電子レンジで30秒加熱し、冷ましておく。
❷ バナナは半月切りにしてレモン果汁をからめる。白桃は一口大に切る。以上とみかんをボウルに入れて❶を回しかけ、冷蔵庫で冷やして味をなじませる。

## 主食 ご飯 180g 281kcal たんぱく質 4.5g 食塩相当量 0g

146 kcal
たんぱく質 11.0g
食塩相当量 1.8g

41 kcal
たんぱく質 0.8g
食塩相当量 0.4g

117 kcal
たんぱく質 0.8g
食塩相当量 0g

鶏の照り焼きは梅の酸味を生かし、塩分控えめでもコクのある味に仕上げます。副菜はマヨネーズのコクで塩分を抑えたサラダで減塩に。

**5日目 夕食**
**598kcal**
たんぱく質 16.9g
食塩相当量 1.6g

## 主菜 鶏の照り焼き梅風味

**材料（1人分）**

| | |
|---|---|
| 鶏もも肉（皮つき） | 60g |
| ししとうがらし | 3本 |
| しいたけ | 1個 |
| 梅干し | 1/4個（4g） |
| A 酒 | 小さじ1/2 |
| A しょうゆ | 小さじ1/3 |
| A みりん | 小さじ1/3 |
| 植物油 | 小さじ2 |

**作り方**

❶ 鶏肉は厚みのある部分に切り込みを入れて開き、厚みを均一にする。しいたけは半分に切る。
❷ 梅干しは果肉をこまかくたたき、Aを加えてよくまぜる。
❸ フライパンに油を熱し、鶏肉の皮目を下にして入れ、両面をカリッと香ばしく焼く。脇でしいたけとししとうも焼く。
❹ 鶏肉を食べやすく切り分けて❷を塗り、ししとう、しいたけと器に盛り合わせる。

## 副菜 ポテトサラダ

**材料（1人分）**

| | |
|---|---|
| じゃがいも | 50g |
| きゅうり | 20g |
| にんじん | 15g |
| 玉ねぎ | 15g |
| A マヨネーズ | 大さじ1 |
| A 塩 | 0.2g |
| A こしょう | 少々 |

**作り方**

❶ じゃがいもは2～3つに切る。にんじんときゅうりは薄い半月切り、玉ねぎは薄切りにする。
❷ じゃがいもは水からゆで、ゆで上がる少し前ににんじんを加えてゆでる。火が通ったら水けをきり、じゃがいもは熱いうちにつぶす。
❸ ❷のあら熱がとれたらきゅうりと玉ねぎを加え、Aであえる。

## 主食 青のりご飯

**材料（1人分）と作り方**

ご飯180gを器に盛り、青のり粉（素干し）小さじ1/2（0.5g）を振る。

**MEMO**

これまでにくらべて、おかずの塩味が薄くなったために、ご飯が食べきれない……。そんなときに、青のりを振ることで味のアクセントになり、食べやすくなります。焼きのり、ゆかり、おぼろこんぶでも。

183kcal
たんぱく質 10.7g
食塩相当量 1.1g

133kcal
たんぱく質 1.6g
食塩相当量 0.5g

282kcal
たんぱく質 4.6g
食塩相当量 0g

フレンチトーストは甘さ控えめにし、ベーコン入りのサラダを合わせると朝食向きの献立になります。

**6日目 朝食**
**635kcal**
たんぱく質 18.1g
食塩相当量 1.5g

## 主食 フレンチトースト

**材料（1人分）**

食パン（6枚切り）……1枚
卵……1個
A［牛乳……80mℓ
　 砂糖……大さじ1］
バター……大さじ1～2
はちみつ……小さじ1～2

＊パンは前日から卵液にひたしておけば、ふわとろに焼き上がります。はちみつは好みでメープルシロップにかえても。

**作り方**

❶ ボウルに卵を割りほぐしてよくまぜ、Aも加えてよくまぜ、耐熱容器に移す。
❷ パンはフォークで数カ所刺し、❶にひたす。途中返して冷蔵庫に入れ、1時間以上おく。
❸ フライパンにバターを溶かし、❷を入れ、ふたをして弱めの中火で3～4分焼く。上下を返して、さらに2～3分焼く。
❹ 食べやすく切って器に盛り、はちみつをかける。

---

## 副菜 ほうれんそうとベーコンのサラダ

**材料（1人分）**

ほうれんそう（サラダ用）……40g
玉ねぎ……20g
ベーコン……10g
アーモンド（無塩・ロースト）……1粒（1.5g）
フレンチドレッシング（市販品）……小さじ1

**作り方**

❶ ほうれんそうは水にさらし、水けをきって一口大にちぎる。玉ねぎは薄切りにして水にさらし、水けをきる。
❷ ベーコンは5㎜幅の短冊切りにし、フライパンでカリッと焼く。
❸ ❶を合わせて器に盛り、❷と刻んだアーモンドを散らし、ドレッシングをかける。

## デザート オレンジ

150g（正味100g）

## 飲み物 レモンティー

**材料（1人分）と作り方**

温かい紅茶120mℓに角砂糖1個（2g）、レモンの輪切り1枚を添える。砂糖は加えずにレモンのみでもよい。

**15kcal**
たんぱく質 0.2g
食塩相当量 0g

494 kcal
たんぱく質 14.2g
食塩相当量 1.0g

80 kcal
たんぱく質 2.8g
食塩相当量 0.5g

46 kcal
たんぱく質 0.9g
食塩相当量 0g

そばは細切りの大根をまぜてサラダ感覚で。かけそばより、つけそばにすると減塩になります。主菜にはえびのかき揚げをつけてボリュームをプラス！

**6日目 昼食**
**542kcal**
たんぱく質 17.1g
食塩相当量 1.8g

## 主食 大根入りつけそば

**材料（1人分）**

そば（ゆで）……200g
大根……30g
水菜……20g
貝割れ大根……5g
A だし……1/3カップ
A しょうゆ……小さじ2/3
A みりん……小さじ1
わさび（好みで）……少々

**作り方**

❶ なべにAを合わせ、軽く煮立てる。器に入れる。
❷ 大根は5㎝長さの細切りにし、水菜は5～6㎝長さに切り、貝割れ大根は根元を除く。それぞれ水にさらしてシャキッとさせ、水けをきる。
❸ そばは湯にくぐらせてから冷水に放し、水けをきる。
❹ そばと❷を合わせて器に盛り、❶を添え、好みでわさびを溶く。

## 主菜 セロリとえびのかき揚げ

**材料（1人分）**

えび……殻つき3尾（正味30g）
セロリ……30g
A 小麦粉……小さじ2と½
A かたくり粉……小さじ1/2
A 水……小さじ2強
揚げ油……適量

**作り方**

❶ えびは殻を除いて厚みを半分に切り、あれば背わたを除く。セロリは斜め薄切りにする。
❷ ボウルにAを合わせ、さっくりとまぜる。
❸ 揚げ油を熱し、❶に❷の衣をからめて木べらに一口大ずつのせ、揚げ油にすべり込ませて揚げる。

## 副菜 ミニトマトのマリネ

**材料（1人分）**

ミニトマト……3個（30g）
A はちみつ……小さじ1
A 白ワイン……小さじ2
A オリーブ油……小さじ1

**作り方**

❶ ミニトマトは熱湯に入れる。皮がはじけたらすぐに水にとり、皮をむいて水けをきる。
❷ 耐熱容器にAを合わせ、電子レンジで10秒加熱し、熱いうちに❶を入れてからめ、冷めるまでおく。

239kcal
たんぱく質 10.4g
食塩相当量 1.4g

227kcal
たんぱく質 6.4g
食塩相当量 0.4g

76kcal
たんぱく質 0.3g
食塩相当量 0g

ピーマンは大きく切って牛肉とさっと蒸し焼きに。みずみずしいピーマンの歯ごたえで食べごたえ十分！　副菜は低塩の野菜の甘酢漬けを添えます。

**6日目 夕食**
**571kcal**
たんぱく質 15.3g
食塩相当量 1.2g

## 主菜 牛肉とピーマンのいため物

材料（1人分）

| | | |
|---|---|---|
| | 牛こまぎれ肉 | 50g |
| | ピーマン | 2個 |
| | 玉ねぎ | 1/4個 |
| A | 酒、しょうゆ | 各小さじ1/3 |
| A | おろしにんにく | 小さじ1/3 |
| A | 砂糖 | 小さじ1/6 |
| A | かたくり粉 | 小さじ1/3 |
| | オイスターソース | 小さじ1 |
| | 植物油 | 小さじ2 |

作り方

❶ 牛肉はAで下味をつけておく。

❷ ピーマンは横に大きめに切り、玉ねぎはくし形に切る。

❸ フライパンに油を入れて牛肉を広げ、❷をのせる。水大さじ1～2を振り入れ、ふたをして中火で5分ほど蒸し焼きにする。

❹ ふたをとって全体をまぜ、肉に火が通ったらオイスターソースを加え、全体をからめる。

## 副菜 野菜の甘酢漬け

材料（作りやすい分量・4人分）

| | | |
|---|---|---|
| | きゅうり | 1本 |
| | みょうが | 4個 |
| | にんじん | 1/4本 |
| | パプリカ（赤） | 1/4個 |
| A | だし | 90㎖ |
| A | 酢 | 60㎖ |
| A | 砂糖 | 大さじ2 |

作り方

❶ なべにAを合わせて煮立て、冷ましておく。

❷ みょうがは縦半分に切り、きゅうり、にんじんは4～5㎝長さの棒状に切り、パプリカは4～5㎝長さの細切りにする。

❸ ❷を保存容器に移し、❶を注ぎ入れる。冷蔵庫に3時間以上おく。

＊冷蔵で1週間保存可能。

## 汁物 わかめスープ

材料（1人分）

| | | |
|---|---|---|
| | カットわかめ | もどして5g |
| | ねぎ | 5g |
| A | 鶏ガラスープのもと | 小さじ1/4 |
| A | 水 | 90㎖ |
| | こしょう | 少々 |
| | いり白ごま | ひとつまみ |

作り方

❶ わかめは水けをきる。ねぎは縦に細く切る。

❷ なべにAを煮立て、こしょうで調味し、❶を加えて火を止める。器に盛り、ごまを散らす。

## 主食 ご飯 180g

281kcal　たんぱく質 4.5g　食塩相当量 0g

248kcal
たんぱく質　9.9g
食塩相当量　0.9g

36kcal
たんぱく質　0.7g
食塩相当量　0g

6kcal
たんぱく質　0.2g
食塩相当量　0.3g

週末の朝食は冷蔵庫に残った野菜のスープをメインに。
スープには豆類を加え、デザートにヨーグルトを添えて
たんぱく質を補います。

**7日目 朝食**
**597kcal**
たんぱく質 21.3g
食塩相当量 1.9g

## 主菜 豆と野菜のスープ

**材料（1人分）**

玉ねぎ……20g
にんじん……20g
じゃがいも……30g
セロリ……20g
ミックスビーンズ（蒸し煮）……50g
ベーコン（ブロック）……15g
オリーブ油……小さじ2
塩……少々（0.1g）
鶏ガラスープのもと……小さじ1/3
あらびき黒こしょう……少々

**作り方**

❶ 野菜はすべて1cm角に切りそろえ、ベーコンも1cm幅に切る。
❷ なべにオリーブ油を熱してベーコンをいため、❶の野菜と豆、ひたひたの水（約1カップ）を加える。煮立ったら塩を振り入れ、火を弱めてふたをして5～6分蒸し煮にする。
❸ 野菜にほぼ火が通ったら鶏ガラスープのもとを加え、さらに2～3分煮る。器に盛り、こしょうを振る。

## 副菜 ブロッコリーのサラダ

**材料（1人分）**

ブロッコリー……30g
きゅうり……20g
ミニトマト……20g
ベビーリーフ……20g
A
サウザンアイランドドレッシング（市販品）……小さじ1
レモン果汁……小さじ1

**作り方**

❶ ブロッコリーは小房に分けてゆで、水けをきる。
❷ きゅうりは縦四つ割りにして1.5cm長さに切る。ミニトマトは半分に切り、ベビーリーフは水にさらして水けをきる。
❸ ❶と❷を合わせて器に盛り、Aをかける。

## デザート ヨーグルト＆ブルーベリー

**材料（1人分）と作り方**

プレーンヨーグルト30gは器に盛り、ブルーベリー10粒をのせる。

## 主食 バタートースト

**材料（1人分）と作り方**

食パン（8枚切り）2枚（90g）はトーストしてバター小さじ2を塗る。

**281kcal**
たんぱく質 8.0g
食塩相当量 1.1g

239kcal
たんぱく質　9.6g
食塩相当量　0.6g

46kcal
たんぱく質　2.5g
食塩相当量　0.2g

31kcal
たんぱく質　1.2g
食塩相当量　0g

メインはあさりで洋風の炊き込みご飯。あさりは食塩量が多いので量は控えめですが、うまみを吸った蒸し汁でご飯がおいしく炊き上がります。

7日目 昼食
534kcal
たんぱく質 9.3g
食塩相当量 1.1g

## 主食 主菜 あさりの洋風炊き込みご飯

材料（作りやすい分量・2人分）

あさり（殻つき）……150g
米……1合
A 玉ねぎ（みじん切り）……50g
A にんにく（みじん切り）……1/2かけ
A オリーブ油……大さじ1と1/2
B トマト（ざく切り）……中1個
B パプリカ（黄・1cm角に切る）……1/2個
B まいたけ（ほぐす）……30g
C 鶏ガラスープのもと……小さじ1/4
C 水……3/4カップ
タイム（あれば）……1枝
レモン（くし形切り）……2切れ

作り方

❶ あさりは砂抜きし、殻をこすり合わせて洗う。
❷ フライパンでAをいため、香りが立ったら米を加えていためる。
❸ あさりとBを均等にのせ、Cとタイムを加える。ふたをして中火で12～14分炊き、火を止めて5～6分蒸らす。
❹ 器に盛り、レモンを添える。

## 副菜 かぶのサラダ

材料（1人分）

かぶ……小1個（30g）
かぶの葉……2本分
水菜……25g
イタリアンドレッシング（市販品）……小さじ1

作り方

❶ かぶは薄切りにする。かぶの葉は小口切りにする。
❷ 水菜は3cm長さに切る。
❸ ボウルに❶と❷を合わせてドレッシングであえ、少しおいて味をなじませる。

## デザート りんごのコンポート

材料（1人分）

りんご……50g
A 砂糖……小さじ2
A 白ワイン……大さじ1
A 水……80ml
レモンの半月切り……3枚

作り方

❶ りんごは皮をむいていちょう切りにし、なべに並べる。Aを加えてレモンをのせ、空気穴をあけたアルミホイルでふたをして火にかける。
❷ 煮立ったら弱めの中火にして7～8分煮含める。

416kcal
たんぱく質　7.9g
食塩相当量　0.8g

59kcal
たんぱく質　1.1g
食塩相当量　0.3g

59kcal
たんぱく質　0.3g
食塩相当量　0g

夕食は豚肉と大根の煮物で和風献立に。大根をだしでやわらかく煮てから肉を加えて味つけ。少ない調味料でもコクがある煮物になります。

**7日目 夕食**
**614kcal**
たんぱく質 16.6g
食塩相当量 1.6g

## 主菜 豚バラ肉と大根のうま煮

**材料（作りやすい分量・２人分）**

豚バラ薄切り肉……100g
大根……100g
A しょうが（薄切り）……2枚
A だし……1カップ
A 酒……大さじ1
砂糖……小さじ2
しょうゆ……小さじ2
みりん……小さじ2
小ねぎ（小口切り）……1本分

**作り方**

❶ 豚肉は一口大に切り、大根は1㎝厚さのいちょう切りにする。
❷ なべに大根とAを入れて火にかけ、煮立ったら火を弱めて7～8分煮る。
❸ 大根にある程度火が通ったら砂糖を加えてひと煮し、豚肉を広げながら加える。煮立ったらアクを除き、しょうゆを加えてさらに弱火で4～5分煮含める。
❹ 最後に火を強め、みりんを加えて汁けをとばすように煮からめる。器に盛り、小ねぎを散らす。

## 副菜1 チンゲンサイのしょうがじょうゆあえ

**材料（1人分）**

チンゲンサイ……80g
A おろししょうが……小さじ1
A だし……小さじ2
A しょうゆ……小さじ1/2
おろししょうが……少々

**作り方**

❶ チンゲンサイは1枚ずつはがし、ゆでて水けをしぼり、3～4㎝長さに切る。
❷ ボウルにAを合わせ、❶を加えてあえる。器に盛り、おろししょうがを添える。

## 副菜2 長いものせん切り

**材料（1人分）**

長いも……70g
A だし……大さじ1
A 酢……大さじ1
A 砂糖……小さじ1
A 塩……0.1g
青のり粉……小さじ1/3
練りがらし……少々

**作り方**

❶ 長いもはせん切りにし、器に盛る。
❷ Aをまぜ合わせて❶にかけ、青のりとからしを添える。

## 主食 ご飯 180g 281kcal たんぱく質 4.5g 食塩相当量 0g

257 kcal
たんぱく質　9.6g
食塩相当量　0.9g

11 kcal
たんぱく質　0.8g
食塩相当量　0.5g

65 kcal
たんぱく質　1.7g
食塩相当量　0.2g

少ない蒸し汁でもレンジならジューシー

# 蒸し鶏の香味だれ

**材料（作りやすい分量・2人分）**

鶏もも肉（皮つき）……………100g
A しょうが（薄切り）………1～2枚
A ねぎ（青い部分）…………適量
酒……………………………………大さじ2
B みょうが（みじん切り）……2個
B 青じそ（ちぎる）……………4枚
B ごま油、レモン果汁……各大さじ1
B はちみつ、しょうゆ……各小さじ2
トマト（薄切り）…………………1/2個
貝割れ大根…………………………1/2パック

＊肉の量が少ない場合は、レンジ調理で。しっとりと仕上がります。

**作り方**

❶ 鶏肉は2等分にして耐熱皿にのせ、Aを散らして酒を回しかける。ふんわりとラップをかけ、電子レンジで3分加熱する。そのまま3分ほど蒸らす。

❷ ボウルにBをまぜ合わせ、❶の蒸し汁を加えてまぜる。

❸ 鶏肉を食べやすく切り、トマト、貝割れ大根と盛り合わせ、❷をかける。

なすも揚げてボリュームアップ

## 鶏のから揚げ

**295kcal**
たんぱく質 11.3g
食塩相当量 0.6g

**材料（1人分）**

鶏もも肉（皮つき）……60g
A
- 酒……小さじ1
- しょうゆ……小さじ2/3
- おろししょうが……小さじ2/3
- おろしにんにく……小さじ1/2

かたくり粉……小さじ2
なす……1個
揚げ油……適量
レモン（くし形切り）……1切れ

**作り方**

❶ 鶏肉は3つに切り、Aをからめて1時間以上おく。
❷ なすは皮に格子状の切り目を入れ、一口大に切る。
❸ 揚げ油を熱し、なすを色よく揚げる。続いて鶏肉にかたくり粉をまぶして色よく揚げる。器に盛り、レモンを添える。

---

野菜を大きくカットして歯ごたえよく

## いり鶏

**231kcal**
たんぱく質 10.7g
食塩相当量 1.6g

**材料（1人分）**

鶏もも肉（皮つき）……50g
干ししいたけ（水でもどしてそぎ切り）……2個
にんじん（一口大の乱切り）……50g
れんこん(乱切りにして水にさらす)……40g
こんにゃく（ゆでて一口大にちぎる）……1/6枚
植物油……小さじ1
だし(しいたけのもどし汁含む)……1/2カップ
砂糖……小さじ1/2
しょうゆ、みりん……各小さじ2

**作り方**

❶ 鶏肉は一口大に切り、油を熱したなべに皮目を下にして入れ、中火で焼きつける。
❷ ❶にしいたけ、にんじん、れんこん、こんにゃくを加えていため、だしを加えて3～4分煮る。
❸ 砂糖を加えて2～3分、さらにしょうゆとみりんを加えて水けがなくなるまでいり煮にする。

バラ肉ならうまみ十分！　中濃ソースでコクもプラス

# 豚肉ときのこのソースいため

**材料（1人分）**

豚バラ薄切り肉……60g
玉ねぎ……1/4個
しいたけ……2個
エリンギ……1本
植物油……小さじ1
A［酒、中濃ソース……各小さじ1/2
　 おろしにんにく……少々
黒こしょう……少々

**作り方**

❶ 豚肉は一口大に切り、玉ねぎは薄切りにする。しいたけは薄切りに、エリンギは長さを半分に切って縦薄切りにする。
❷ フライパンに油を熱し、豚肉と玉ねぎを入れていためる。肉の色が変わってきたら、きのこも加えていためる。しんなりしてきたら、Aを加えていため合わせる。
❸ 器に盛り、黒こしょうを振る。

182kcal
たんぱく質 10.6g
食塩相当量 0.9g

肉は焼いてから表面にたれをからめると減塩に

# 豚肉のしょうが焼き

**材料（1人分）**

| | |
|---|---|
| 豚ロース肉（しょうが焼き用） | 50g |
| ピーマン | 1/2個 |
| もやし | 30g |
| 植物油 | 小さじ1 |
| 塩 | 0.5g |
| こしょう | 少々 |
| A おろししょうが | 2g |
| A しょうゆ | 小さじ1/2 |
| A みりん | 小さじ1 |

**作り方**

❶ 豚肉は筋切りをし、食べやすい大きさに切る。

❷ ピーマンは細く切り、もやしとともにフライパンに入れ、少量の水を振ってふたをし、蒸し焼きにする。ふたをとって塩、こしょうで調味し、器にとり出す。

❸ ❷のフライパンに油を熱し、豚肉を1枚ずつ広げて入れ、両面を色よく焼く。Aをからめて仕上げ、❷にのせる。

主菜
牛肉

299kcal
たんぱく質 15.0g
食塩相当量 1.0g

蒸し焼きにすることでふっくらジューシーに

# ハンバーグ

**材料（1人分・肉だね は3食分）**

**肉だね**

A
- 合いびき肉……200g
- 玉ねぎ（みじん切り）……1/2個
- 小麦粉……大さじ1
- 酒……大さじ2

植物油……小さじ1

B
- 赤ワイン……大さじ1
- トマトケチャップ……大さじ1
- 中濃ソース……小さじ1
- 黒こしょう……少々

C
- ブロッコリー（小房に分けゆでる）…50g
- ミニトマト（半分に切る）…2個

＊残りの肉だねは冷凍保存を。よりたんぱく質を減らしたい場合は、肉だねを4等分にします。

**作り方**

❶ Aはよくまぜ、3等分にして小判形にととのえる。3等分にしたうち1個を使う（＊）。

❷ フライパンに油を熱し、❶の肉だね1個を入れて２分ほど焼き、返して1分ほど焼く。水80㎖を加えてふたをし、2分ほど蒸し焼きにする。とり出して器に盛る。

❸ ❷のフライパンにBを入れて火にかけ、とろみがついたら❷にかける。Cを添える。

肉で野菜を巻いて食べごたえをアップ！

## 牛肉の野菜巻き焼き

290kcal
たんぱく質12.0g
食塩相当量 1.5g

**材料（1人分）**

牛ロース薄切り肉……3枚（60g）
にんじん……20g
さやいんげん……30g
えのきだけ……20g
小麦粉……3g
A［しょうゆ……小さじ2
　 みりん……大さじ1
植物油……少々

**作り方**

❶ にんじんとさやいんげんは同じ長さの棒状に切り、さっとゆでる。えのきは半分に切る。

❷ 牛肉を広げ、❶をのせて巻き、小麦粉をまぶす。

❸ フライパンに油を熱し、❷を並べて転がしながら焼く。Aを回し入れて手早くからめ、照りよく仕上げる。食べやすく切り、器に盛る。

カレーの香りが味のアクセントに！

## 牛肉と根菜のみそいため

261kcal
たんぱく質10.3g
食塩相当量 0.7g

**材料（1人分）**

牛こまぎれ肉……50g
れんこん……40g
ごぼう……30g
にんじん……30g
にんにく（薄切り）……2枚
植物油……小さじ1
A［みそ、みりん……各大さじ1/4
　 酒、水……各小さじ1/2
　 カレー粉……少々

**作り方**

❶ れんこんは8㎜厚さのいちょう切り、ごぼうは斜め薄切り、にんじんは縦半分に切ってから斜め薄切りにする。

❷ フライパンに油を熱して❶をいため、いったんとり出す。

❸ ❷のフライパンに牛肉とにんにくを入れていため、肉の色が変わったらAを加えていためる。

❹ 汁けがなくなったら❷を戻し入れ、ひといためする。

**主菜**
**青背の魚**

**133kcal**
たんぱく質 11.1g
食塩相当量 0.6g

砂糖で下味をつけて酢で締めることで食塩量を大幅にカット！

# 〆あじの和風マリネ

**材料（１人分）**

あじ（三枚おろし・生食用）…… 50ｇ（半身）
A ┌ 砂糖 …… 小さじ1/2
  └ こしょう …… 少々
酢 …… 小さじ２
水菜（3㎝長さに切る）…… 30ｇ
青じそ（ちぎる）…… ２枚
梅干しの果肉（18％塩分）…… ３ｇ
B ┌ しょうが汁 …… 小さじ1/2
  │ オリーブ油 …… 小さじ１と1/2
  └ みりん …… 小さじ1/3

**作り方**

❶ あじは両面にAを振って15分ほどおき、水でさっと洗って水けをふき、酢をからめる。表面が白っぽくなったら皮をむき、一口大のそぎ切りにする。
❷ 梅干しの果肉はこまかくたたき、Bとまぜ合わせる。
❸ 器に水菜と青じそを敷いてあじを盛り、❷のたれをかける。

たれごとホイル焼きにすると
薄塩でも濃厚な味に

# さわらの みそ漬け焼き

146kcal
たんぱく質 13.1g
食塩相当量 0.9g

**材料（1人分）**

さわら……1/2切れ（60g）
ねぎ（3～4cm長さのぶつ切り）……30g
A
- しょうが（みじん切り）……1/2かけ
- みそ、酒、砂糖……各小さじ1
- みりん……小さじ1/2

ねぎ（青い部分・小口切り）……少々

**作り方**

❶ さわらは2つに切り、ねぎは縦にこまかい切り込みを数本入れる。
❷ ボウルにAをまぜ合わせ、❶を入れてからめ30分つける。
❸ アルミホイルを広げて❷を並べ、つけだれも回し入れる。トースターでさわらに火が通るまで10～12分焼く。
❹ 器に盛り、ねぎの青い部分を添える。

---

1食40gと少ない量を甘辛い味で補って

# ぶりの照り焼き

161kcal
たんぱく質 8.9g
食塩相当量 0.4g

**材料（1人分）**

ぶり……1/3切れ（40g）
かたくり粉……大さじ1強
A
- だし……小さじ1/2
- しょうゆ……小さじ1/2弱
- みりん……小さじ1弱

植物油……小さじ3/4
青じそ……1枚
大根おろし……30g

**作り方**

❶ ぶりは水けをふいてかたくり粉をまぶす。
❷ フライパンに油を熱し、❶を入れて両面を焼き、焼き色がついたら火を弱めて火を通す。
❸ Aを加えて火を強め、両面に味をからめる。青じそを敷いた器に盛り、大根おろしを添える。

**主菜**

鮭・白身魚

**260kcal**
たんぱく質 13.9g
食塩相当量 0.9g

みそでコクを出し、マヨネーズで油分を補うことでエネルギーアップ

# 生鮭のマヨパン粉焼き

**材料（1人分）**

生鮭……1/2切れ（50g）
塩……0.1g
小麦粉……小さじ1/4
A マヨネーズ……大さじ1/2
A みそ……小さじ1/4
パン粉（こまかいもの）……5g
ブロッコリー（ゆでる）……3房
ミニトマト（半分に切る）……2個
オリーブ油……大さじ1

＊鮭は40gに減らしても。
たんぱく質は2g減ります。

**作り方**

❶ 鮭は塩を振って5分ほどおく。水けをふいて小麦粉をまぶし、Aをまぜて鮭の表面に塗り、パン粉をまぶす。

❷ フライパンに油を熱し、鮭を入れて中火で焼く。焼き色がついたら返し、弱火で3～4分焼いて火を通す。

❸ 器に盛り、ブロッコリーとミニトマトを添える。❷のフライパンに残ったパン粉があれば、野菜に散らす。

かじきは下ゆでするとふわふわに

# かじきのナポリタン風いため物

149kcal
たんぱく質 11.2g
食塩相当量 0.6g

**材料（1人分）**

かじき（めかじき）……50g
玉ねぎ……25g
ピーマン……1/2個
マッシュルーム……2個
ミニトマト（半分に切る）……2個
A［にんにく（薄切り）……1/4かけ
　オリーブ油……小さじ1
B［トマトケチャップ……大さじ1/2
　塩……0.1g
　黒こしょう……少々
粉チーズ（好みで）……少々

**作り方**

❶ かじきはそぎ切りにし、さっとゆでる。
❷ 玉ねぎは薄切り、ピーマンは細切り、マッシュルームは四つ割りにする。
❸ フライパンにAを入れて弱火にかけ、トマトをつぶしながらいためる。❷を加えていため合わせ、Bで調味する。
❹ ❸にかじきを加えて手早くいためる。器に盛り、粉チーズを振る。

---

ごぼうと煮ることで薄味でもうまみアップ

# 銀だらのピリ辛煮

224kcal
たんぱく質 11.6g
食塩相当量 1.0g

**材料（1人分）**

銀だら……4/5切れ（80g）
ごぼう……30g
ししとうがらし……2本
A［しょうゆ……小さじ1
　砂糖……小さじ1/2
　酒……大さじ1
　水……1/4カップ
赤とうがらし（小口切り）……1/4本
しょうが（せん切り）……薄切り2枚

**作り方**

❶ ごぼうはささがきにして水にさらし、水けをきる。
❷ フライパンにAを合わせて煮立て、銀だら、赤とうがらし、しょうがを入れて落としぶたをし、中火で10分ほど煮る。
❸ ❷にごぼうとししとうを加え、さっと煮る。

**主菜**
**えび**

**147kcal**
たんぱく質 **10.7g**
食塩相当量 **1.3g**

**薄塩でも味は本格派！　にんにくの芽でボリュームアップ！**

# えびチリいため

**材料（1人分）**

| | | |
|---|---|---|
| | えび（ブラックタイガー） | 3尾（50g） |
| A | 塩 | 0.1g |
| A | かたくり粉 | 小さじ1/2 |
| B | 酒 | 小さじ1 |
| B | かたくり粉 | 小さじ1/2 |
| | にんにくの芽 | 80g |
| C | 豆板醤 | 小さじ1/4 |
| C | にんにく（みじん切り） | 1/2かけ |
| C | しょうが（みじん切り） | 5g |
| C | ごま油 | 大さじ1/2 |
| C | 酒、水 | 各大さじ1/2 |
| D | トマトケチャップ | 小さじ2 |
| D | しょうゆ、かたくり粉 | 各小さじ1/2 |

**作り方**

❶ えびは尾を残して殻と背わたをとり除き、Aをよくもみ込む。洗って水けをふき、Bをからめる。

❷ にんにくの芽は3㎝長さに切る。

❸ フライパンにCを入れて弱火にかけ、香りが立ったら❶と❷を加えていためる。Dをまぜたものを加え、味をからめる。

主菜
卵

冷凍野菜を使った簡単レシピ

## 卵のココット

108kcal
たんぱく質 8.0g
食塩相当量 0.5g

**材料（1人分）**

卵……………………………1個（50g）
ミックスベジタブル（冷凍＊）
……………………………30g
塩……………………………0.2g
粉チーズ……………………2g

**作り方**

❶ 耐熱皿に植物油少々（分量外）を薄く塗り、ミックスベジタブルを入れて広げ、塩を振る。中央をくぼませ、卵を割り入れる。

❷ オーブントースターに入れて焼き、卵が半熟状になったらとり出して粉チーズを振る。

＊冷凍野菜のほか、ゆでた青菜やキャベツなどでもおいしくできます。

とろとろの卵をソースがわりに

## ポーチドエッグのせサラダ

140kcal
たんぱく質 7.7g
食塩相当量 0.5g

**材料（1人分）**

卵……………………………1個（50g）
水菜…………………………40g
リーフレタス………………1枚
トマト………………………1/2個
A ┌フレンチドレッシング（市販品）
　│　……………………………小さじ2
　└黒こしょう………………少々

**作り方**

❶ なべに酢少々（分量外）を入れて湯を沸かし、中火にして卵を割り入れる。1分ほどゆでて冷水にとり出す。

❷ 水菜は4㎝長さに切り、レタスはちぎり、ともにAであえる。トマトはくし形に切る。器に盛り、❶をのせる。

＊ポーチドエッグは、半熟に仕上げた目玉焼きや温泉卵でも代用できます。

主菜
大豆製品

233kcal
たんぱく質 10.7g
食塩相当量 0.7g

豆腐は揚げることでエネルギーを確保

# 揚げ出し豆腐

**材料（1人分）**

木綿豆腐……1/2丁（150g）
かたくり粉……大さじ1強
なす……30g
A ┌ めんつゆ（3倍濃縮）……小さじ1
　└ 湯……大さじ2
揚げ油……適量
三つ葉（ゆでて3㎝長さに切る）……10g
大根おろし……20g
おろししょうが……3g

**作り方**

❶ 豆腐は2つに切り、キッチンペーパーに包んで水きりをする。なすは輪切りにする。

❷ 揚げ油を160度に熱し、なすを入れてさっと揚げ、とり出す。油の温度を170度に上げ、かたくり粉をまぶした豆腐を入れ、きつね色に揚げ、油をきる。

❸ 器に❷を盛り合わせて、三つ葉をのせる。大根おろしにしょうがをのせて添え、Aのつゆを張る。

しらすの塩けを生かして減塩

# 冷ややっこ・ねぎしらすのせ

83kcal
たんぱく質 5.9g
食塩相当量 0.7g

**材料（1人分）**

絹ごし豆腐……100g
ねぎ（小口切り）……大さじ1
しらす干し……小さじ1
A［ごま油……小さじ1/2
　 しょうゆ（＊）……小さじ2/3

**作り方**

❶ 豆腐は水けを軽くきる。
❷ 器に盛り、ねぎとしらす干しをのせ、Aをかける。

＊ここではしょうゆを加えましたが、しょうゆ抜きでも、召し上がってみてください。しらす干しの塩けとごま油の香りで十分においしいはずです。

---

厚揚げをだしで煮て

# 厚揚げとさやいんげんのしょうが煮

88kcal
たんぱく質 5.9g
食塩相当量 0.3g

**材料（1人分）**

厚揚げ……50g
さやいんげん……15g
しょうが……2g
A［だし……1/4カップ
　 砂糖……小さじ1/3
しょうゆ……小さじ1/3

**作り方**

❶ 厚揚げは熱湯にくぐらせて油抜きし、1cm厚さに切る。さやいんげんはさっとゆでて3～4cm長さの斜め切りにする。しょうがはせん切りにする。
❷ なべにAを煮立て、❶を加えてふたをし、弱火で4～5分煮る。さらにしょうゆを加えて2～3分煮る。

## あえ物

あえ衣には、ごまや削りがつおなどのうまみ、酢の酸味などを利用すると、減塩につながります。

あえ衣は作りおきして活用を

# さやいんげんのごまあえ

**材料（1人分）**

さやいんげん……50g
いり白ごま……小さじ1
砂糖……小さじ2/3
A［だし……小さじ1/4
　 しょうゆ……小さじ1/4

**作り方**

❶ いんげんはゆでて水けをきり、4㎝長さに切る。
❷ ごまはすり鉢に入れてすり、砂糖を加えてさらにすりまぜ、Aを加えてすりのばす。
❸ ❷に❶を加えてあえる。

＊あえ衣に酢を少量加えると、ごま酢あえに。

**40kcal**
たんぱく質 1.6g
食塩相当量 0.2g

---

削りがつおのうまみで減塩

# ほうれんそうのおかかあえ

**材料（1人分）**

ほうれんそう……60g
A［だし……小さじ2
　 しょうゆ……小さじ1/3
削りがつお……少々（1g）

**作り方**

❶ ほうれんそうはゆでて水にとり、水けをしっかりとしぼる。3㎝長さに切る。
❷ ボウルに❶を入れて、Aと削りがつおを加えてあえる。

＊あえる前にしっかりと水けをきることで味が入りやすくなり、カリウム量も減らせます。

**15kcal**
たんぱく質 1.7g
食塩相当量 0.3g

## 煮物

野菜だけの煮物はうまみが乏しくなりがち。
だしや乾物のうまみ、油のコク、スパイスの香りなどを活用しましょう。

59kcal
たんぱく質 2.3g
食塩相当量 0.7g

食物繊維が豊富な一品

### ひじきと大豆の煮物

**材料（1人分）**

ひじき（乾燥）……3g
大豆（水煮缶・汁けをきる）……10g
にんじん……15g
さやえんどう（斜め薄切り）……2枚
A だし……1/4カップ
A 酒……小さじ1
A みりん……小さじ1/2
A しょうゆ……小さじ2/3
植物油……大さじ1/2

**作り方**

❶ ひじきは水でもどし、長いものは切る。にんじんは半月切りにする。
❷ なべに油を熱して❶をいため、Aと大豆、さやえんどうを加え、ときどきまぜながら6～7分煮る。

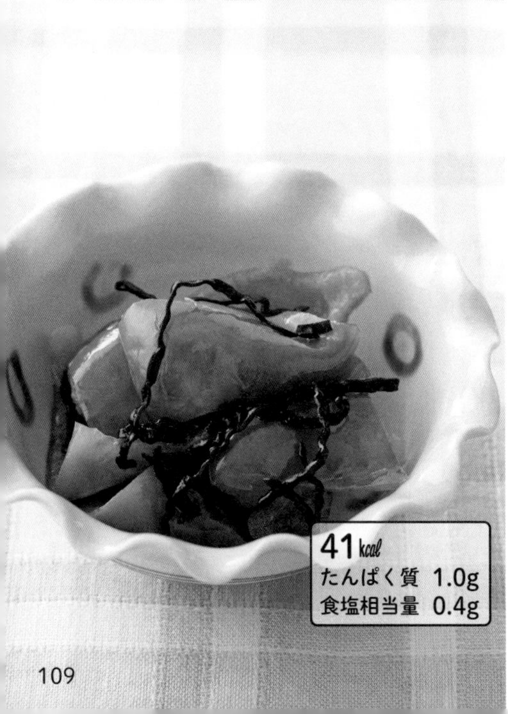

41kcal
たんぱく質 1.0g
食塩相当量 0.4g

味つけは塩こんぶだけ

### ピーマンの塩こんぶ煮

**材料（1人分）**

ピーマン……2個
A 酒……小さじ1
A 塩こんぶ（細切り）……2g
A 水……1/6カップ
植物油……小さじ1/2

**作り方**

❶ ピーマンはへたを除いて乱切りにする。
❷ なべに油を熱してピーマンをいため、Aを加える。ふたをしてときどきまぜながら、中火で5～6分、汁けがなくなるまで煮る。

## いため物・揚げ物

野菜は揚げたり、いためることでコクと香ばしさが加わり、食べごたえが出ます。

野菜を素揚げしてつけるだけ

# さやいんげんの揚げびたし

34kcal
たんぱく質 0.9g
食塩相当量 0.3g

材料（1人分）

さやいんげん……80g
A
- だし……大さじ2
- みりん……小さじ1
- しょうゆ……小さじ2/3
- おろししょうが……小さじ1/2

揚げ油……適量

作り方

❶ Aはボウルに合わせておく。
❷ さやいんげんは長さを半分に切り、170度の揚げ油で色よく揚げ、揚げたてを❶につける。

＊つけ汁は食べずに残す。

---

桜えびのうまみで薄味でもおいしい

# ごぼうと桜えびのきんぴら

37kcal
たんぱく質 1.1g
食塩相当量 0.3g

材料（作りやすい分量・4人分）

ごぼう……100g
桜えび（素干し）……3g
ごま油……小さじ1と1/2
A
- みりん……小さじ1
- しょうゆ……小さじ1

作り方

❶ ごぼうはせん切りにして水にさらし、水けをきる。桜えびはあらみじんに切る。
❷ フライパンに油を熱してごぼうをいため、油が回ったら桜えびを加えてさっといためる。Aを加えて汁けがなくなるまでいため煮にする。

＊まとめて作りおきしておくと重宝。冷蔵で3日間保存可能。

## サラダ

カリウム制限がある場合は、野菜は水にさらす、ゆでるなどしてサラダレシピを広げましょう。

41kcal
たんぱく質　2.2g
食塩相当量　0.2g

ヨーグルトでコクをプラスして

### 野菜のヨーグルトドレッシング

材料（1人分）

ブロッコリー……30g
カリフラワー……30g
A
- フレンチドレッシング（市販品）……小さじ1
- プレーンヨーグルト……小さじ1/2
- 黒こしょう……少々

作り方

❶ ブロッコリーとカリフラワーは小房に分け、2～3分ゆでる。湯をきり、器に盛る。
❷ Aをまぜ合わせ、❶にかける。

150kcal
たんぱく質　1.8g
食塩相当量　0.3g

カレーの香りを生かして減塩

### かぼちゃのサラダ

材料（1人分）

かぼちゃ……80g
玉ねぎ……5g
A
- マヨネーズ……小さじ2と1/2
- 塩……少々（0.1g）
- カレー粉……少々

作り方

❶ かぼちゃはラップで包み、電子レンジで1分30秒加熱する。あら熱をとり、一口大に切る。
❷ 玉ねぎは薄切りにして水にさらし、水けをきる。
❸ Aをまぜ合わせ、❶と❷を加えてあえる。

( 具だくさん汁　旬の野菜やきのこで具だくさん汁にすると、食材のうまみで、副菜なしでも満足できます。 )

**汁物**

根菜ときのこをとり合わせた一品

# 具だくさんみそ汁

**材料（1人分）**

さつまいも（皮つき）……50g
ごぼう……25g
にんじん……15g
しめじ……30g
植物油……小さじ1/2
だし……140㎖
A みそ……小さじ4/5強（5g）
A しょうゆ……少々（小さじ1/4）

124kcal
たんぱく質 3.0g
食塩相当量 0.8g

**作り方**

❶ さつまいもは皮ごと乱切りにし、ごぼう、にんじんは小さめの乱切りにし、さつまいもとごぼうはさっと洗う。
❷ なべに油を熱して❶をいため、油が回ったらだしを加える。煮立ったら中火にして10分ほど煮る。
❸ しめじをほぐして加え、1～2分煮、Aで調味する。

## 減塩につながるだしのとり方

### かつおだし（一番だし）

汁物や煮物のほか、刺し身用のしょうゆもだしで割れば減塩につながります。

**材料（作りやすい分量）と作り方**

❶ なべに水6カップとこんぶ10×5㎝角1枚を入れ、1時間以上おく。弱火にかけ、こまかい泡が出てきたらこんぶをとり出す。
❷ ❶に削りがつお20～30gを加えて中火にし、煮立ったら弱火にして1分ほど煮る。火を止め、5分ほどおき、こす。

### しいたけだし

たんぱく質制限がより厳しい場合に活用できます。

**材料（作りやすい分量）と作り方**

干ししいたけ2個と水1カップをボトル（麦茶用など）に入れ、ふたをして冷蔵庫に一晩（10時間ほど）おく。

## 小吸い物

汁の量を普通の5割以下に減らした、
食塩量が0.5g以下の小吸い物。
献立がもの足りないときに重宝します。

焼きのりで手軽に作れます

# のりの小吸い物

4kcal
たんぱく質　0.4g
食塩相当量　0.7g

**材料（1人分）**

焼きのり……1/3枚（1g）
小ねぎ……3g
だし……90mℓ
塩……少々（0.3g）
しょうゆ……1滴

**作り方**

❶ のりはこまかくちぎり、小ねぎは小口切りにする。以上を器に入れる。
❷ だしを煮立てて塩としょうゆで調味し、❶に注ぐ。

---

せん切り野菜を使えば簡単

# せん切り野菜のコンソメスープ

7kcal
たんぱく質　0.5g
食塩相当量　0.2g

**材料（1人分）**

玉ねぎ……10g
にんじん……5g
A［顆粒コンソメ……小さじ1/6
　 塩……少々（0.3g）
あらびき黒こしょう……少々

**作り方**

❶ 玉ねぎは薄切りにし、にんじんはせん切りにする。
❷ なべに水90mℓを煮立ててAで調味し、❶を入れて弱火でさっと煮る。
❸ 器に盛り、こしょうを振る。

デザート

## たんぱく質0.5g以下のデザート

市販品のお菓子はたんぱく質が意外に多く、思わぬ落とし穴になりかねません。かんてんや粉飴を活用して、低たんぱくのデザートを作りましょう。

27kcal
たんぱく質 0.1g
食塩相当量 0g

# 黒みつのくずきり風

**材料（作りやすい分量・8人分）**

粉かんてん……小1袋（4g）
水……2と3/4カップ
黒砂糖……60g

＊冷蔵で2日保存可能。8食分が多い場合は、2人分なら材料を1/4量に減らして作ってください。

**作り方**

❶ なべに材料をすべて入れて火にかけ、煮立ったら弱火にし、まぜながら2分煮て溶かす。
❷ バットに流して冷やし固める。帯状に切り、器に盛る。

### 果物の缶詰で手軽にエネルギー補給

果物の缶詰はカリウムが少ないうえ、エネルギー補給に重宝します（カリウムのことは37ページ参照）。

**パイナップル缶詰**
1切れ・40g
（シロップを含む）

30kcal
たんぱく質 0.2g
食塩相当量 0g
カリウム 48mg

**桃缶詰**
1/2個・60g
（シロップは含まない）

50kcal
たんぱく質 0.3g
食塩相当量 0g
カリウム 48mg

100kcal
たんぱく質 0.2g
食塩相当量 0g

# 抹茶かん

**材料（作りやすい分量・2人分）**

A
- 抹茶（粉末）…………小さじ1/2
- 砂糖……………………大さじ1強
- 粉飴（＊）……………小3袋（39g）

B
- 粉かんてん…………小さじ1/2（1g）
- 水………………………1カップ

＊エネルギーを控えたい場合は、粉飴を入れずに作ってください。

**作り方**

❶ ボウルにAを合わせてまぜる。
❷ なべにBを入れて火にかけ、底からまぜながら煮る。煮立ったら弱火で1分30秒煮、❶を加えて泡立て器でまぜながらさらに煮る。
❸ 砂糖が溶けて抹茶がまんべんなくまざり、あら熱がとれるまでまぜ続け、バットに流して固める。
❹ 食べやすく切って器に盛る。

## 「粉飴」をデザート作りに活用

**粉飴は甘みが少なく、高エネルギーが得られる粉末甘味料。料理や飲み物、デザート作りに手軽に使えます。**＊血糖値が高い人は、デザートは砂糖のかわりにオリゴ糖など人工甘味料で作るようにしてください。

# どんなメニューを選ぶ？どう食べる？ 外食&中食の賢い選び方

## 外食編

外食の多くは一般的に高エネルギー、高たんぱく、高塩分で、野菜が少なく、栄養バランスも偏る傾向にあります。主食の量も多め。「ご飯は少なめ」とリクエストして調整し、食塩量の多い汁は飲まないなど食べ方の工夫が必要です。

どう選ぶ？ どう食べる？

### 定食

品数が多く、単品メニューよりは栄養バランスがよくなりますが、味つけは全体に濃いめ。漬け物や汁物を残して調整を。

#### ☑ 刺し身定食

しょうゆはつけすぎない！

刺し身は魚の種類や部位をチェック！　かつお、まぐろの赤身は3切れが許容範囲。

#### ☑ 焼き魚定食

煮魚よりは焼き魚がおすすめ。さんまは1/2尾、さばは1/2切れが許容範囲。

#### ☑ とんカツ定食

ソースはかけない！

ヒレよりたんぱく質量が少ないロースを。1日のたんぱく質量をとるので、ほかの食事で調整を。

#### ☑ 野菜いため定食

野菜が多く栄養バランスはよいが、脂質が多い。できるだけ野菜を多く使う店を選ぶ。

どう選ぶ？　どう食べる？

# 丼物

定食よりご飯の量が多いので、ご飯は1/3は残すのが必須。野菜も少ないのでサイドメニューで補いましょう。

ご飯は 1/3 残す！

## 親子丼

鶏肉、卵で栄養満点だが、その分高たんぱく。使う肉の量が確認できる店を選ぶのがベスト。

## 牛丼

たれがたっぷりかかるので食塩量が多い。添付の紅しょうがは食べないこと。

どう選ぶ？　どう食べる？

# めん類

スープだけでも食塩量が1日の許容量近いので、汁はできるだけ残して。パスタ類は全体量を控えるなどの工夫が必要です。

## ざるそば

単品では栄養不足。天ぷらなどでたんぱく質とサイドメニューで野菜料理を追加する。

## きつねうどん

油揚げでたんぱく質はとれるが、野菜不足。おひたしなどをサイドメニューで補う。

## スパゲッティナポリタン

ゆでる際に塩を加えたうえに、ソースの味がプラスされて高塩分。野菜が多めのものを選び、量は少なめに。

スープはできるだけ残す！

## ラーメン

スープはできるだけ残す。チャーシューは1枚程度が許容範囲。

## タンメン

野菜をたっぷり使っているので栄養バランスがよく、めんメニューの中ではおすすめ。

# 中食編

**お弁当やおにぎりなど、テイクアウトできるものは〝栄養表示ラベル〟を必ずチェックしてから購入することを習慣づけましょう。**

どう選ぶ？

どう食べる？

## お弁当

おかず（主菜、副菜）の種類が多いものを選ぶのがベスト。ただし、緑黄色野菜が少なく、味つけの濃い煮物が多いので注意が必要です。

### ☑ のり弁当

揚げ物が中心で高脂質、高塩分。サイドメニューで野菜のあえ物をプラスして。佃煮、ソース類は残す。

### ☑ から揚げ弁当

から揚げの量をチェックして、できるだけ少ないものを選ぶか、食べるのは３個程度に。

### ☑ 幕の内弁当

おかずの種類が多いのが利点だが、味つけが濃いめ。少し残すか、漬け物は残すなどの工夫を。

### ☑ 三色弁当

肉そぼろと卵でたんぱく質がとれるが、肉の量はまちまちなので栄養表示でチェックを。

ご飯は残し、デザートに果物を選んで
ビタミンを補えば、栄養バランスがよくなる。

どう選ぶ？ どう食べる？

# おにぎり

きんぴらやあえ物、温野菜などで野菜を補うのがベスト。

おにぎりは具の種類や大きさもいろいろ。栄養表示で重量やたんぱく質量や食塩量を確認しましょう。

## 鮭&たらこ おにぎり

鮭やたらこなど、たんぱく質が入ったものがベスト。野菜のあえ物などお惣菜をプラス。

## ツナマヨ おにぎり

たんぱく質は少なめ。乳製品や温泉卵でたんぱく質を補い、野菜サラダでバランスよく。

どう選ぶ？ どう食べる？

# サンドイッチ&パンメニュー

温野菜や野菜サラダを合わせて。ただし、ドレッシングなしで！

とんカツや卵をはさんだものは高たんぱくになりがち。低たんぱくのものを選びましょう。

## ミックスサンド

ハム、卵が中心でたんぱく質はとれるが野菜不足。温野菜や野菜スープなどをプラスして。

## カツサンド

とんカツは高たんぱく。1/4 ～ 1/3は残し、野菜サラダをプラス！

## ハンバーガー・ホットドッグ

パンにはさむケチャップは残し、セットの場合、ポテトもケチャップもなしで。

## 弁当

# 満足感あるお弁当のきほんルール

## 手作りで栄養バランスをコントロール！

お弁当を手作りすると、栄養バランスやたんぱく質、エネルギーのコントロールがしやすくなります。とはいえ、おかずの種類が多いと時間も手間もかかって、長続きしないものです。前日の夕食や食材、常備菜などを上手に活用するのがポイントです。

**主菜**

### 肉、魚、卵などから１品

前日の夕食のおかずや食材を活用。たとえば、刺し身は２～３切れとり分けて下味をつけておき、翌日は焼いたり、いためます。夕食のおかずを少しとり分けておくのもよいでしょう。

**主食**

### ご飯180ｇ

ご飯はきちんとはかって、詰めすぎないこと。お弁当箱はご飯の量に合わせて選ぶことも必要です。

**副菜**

### 野菜、きのこなどで1～２品

青菜のごまあえなど手軽にできるもので一品。きんぴらや根菜の煮物などはまとめて作りおきしておくと重宝します。すき間があいたら、ゆでたブロッコリーやミニトマトを詰めて彩りよく。

## いつもの味、いつものおかずを組み合わせるだけ！

お弁当の主菜としては、汁けが少なくしっかりと火を通したものであれば、ご飯ものだけでなく、サンドイッチの具としても活用できます。いろいろ組み合わせてみましょう。

### マスタード風味チキンカツ

＊作り方は 56 ページ

### 牛肉とピーマンのいため物

＊作り方は 86 ページ

**サンドイッチの具にもなります！**

「牛肉とピーマンのいため物」をトーストしたパンにはさんで。果物を添えると栄養バランスがよくなる。

---

### 鮭の塩麹焼き

＊作り方は 52 ページ

### あおさ入りだし巻き卵

＊作り方は 70 ページ

**焼き魚をおむすびにして卵をプラス！**

作りおきした「鮭の塩麹焼き」1人分をほぐしておむすびにし、朝食に作っただし巻き卵の半量を合わせて。温野菜や青菜を添えればりっぱなお弁当に。

COLUMN

汁がわりにとる飲み物でおすすめは？

# 食事でとる飲み物の選び方

腎臓病の食事では減塩対策として、汁物は１日１食というのが基本です。とはいえ、食事の際に汁けがないとご飯が進まない……という場合も。食事中にとるとしたら飲み物はどんなものがよいか、ポイントをチェックしておきましょう。

## ポイント カリウムが多い野菜＆果物のジュースや青汁は注意！

嗜好飲料にはカリウムが多く含まれています。果汁はもちろんですが、玉露や抹茶、野菜ジュース、青汁は要注意！　必ず成分をチェックしましょう。

カリウムが少ない飲料は、紅茶、ウーロン茶、ほうじ茶、番茶などです。コーヒーはインスタントよりドリップ式のほうが少量です。

ドリンク類に含まれるカリウム量

| 食品名 | 容量 | カリウム量（mg） |
|---|---|---|
| 野菜ジュース（食塩無添加） | 200mℓ | 420 |
| オレンジジュース（果汁100%） | 200mℓ | 378 |
| 調整豆乳 | 200mℓ | 357 |
| 玉露茶（浸出液） | 100mℓ | 340 |
| 牛乳（普通） | 200mℓ | 315 |
| ピュアココア（粉末） | 20g | 280 |
| 青汁（ケール・粉末） | 20g | 230 |

ほうじ茶は100mℓで
カリウム24mgと少なめ！

## ポイント エネルギー補給のため、飲み物に甘味をプラス！

腎臓病の食事では、肉や魚の量を減らすとエネルギーが不足しがちに。砂糖、はちみつなどはたんぱく質ゼロのエネルギー源。飲み物に甘味料をプラスすると、手軽にエネルギー源が確保できます。ただし、血糖値が高い人は注意してとりましょう。

大さじ１で69kcal！
はちみつは
手軽なエネルギー源！

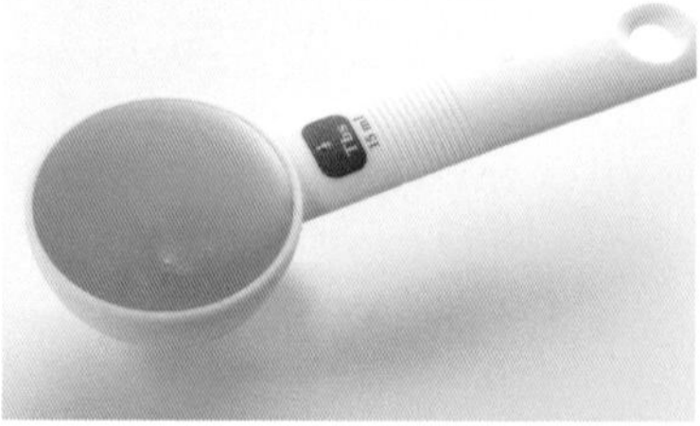

日常で気をつけることは？
見直したい点は？

# 3章

# 腎臓に負担のかからない生活習慣

慢性腎臓病の治療の基本は、食事や運動療法など日常生活への配慮が重要で、効果が不十分な場合は薬物治療を開始することになります。そのためにも、できるだけ腎臓に負担のかからない日常生活を心がけることが大切です。

いままでの生活習慣を変えるのは大変です。慣れない食事や運動はストレスになりますが、まずは自分の生活の問題点を見つけ、3日間だけと決めて、クリアしたら3週間、3カ月と進めていきましょう。どんな小さなことでも、できそうなことから始めるのが長続きするコツです。

この章では、見直したい食事や生活習慣などのアドバイスを紹介しています。

食習慣アドバイス1

## あなたの食べ方の問題点は？

# 腎臓に負担をかける「食習慣」を総ざらい

食事は毎日のことですから、無意識のうちに「食べ方のクセ」がついています。朝食を抜く、外食が多い、つい食べすぎてしまう……。あなたは腎臓に負担をかける食べ方をしていませんか？

ここで、あなた自身の「食べ方のクセ」をチェックしましょう。問題点を総ざらいしたうえで、改善していく必要があります。実行できそうな小さなことから改善して、一歩一歩着実に積み重ねていきましょう。まずは、1回の食事を変えてみる、それを3日間続けてみる、次は3週間と、少しずつ距離を延ばすような気持ちで、習慣にしていきます。

**無理なく続けるために……**

1. まずは1日、3日と始めてみる
2. 3週間続いたらひと安心
3. 3カ月続けばもう習慣

## あなたの食べグセは？<br>腎臓に負担をかける食べ方をしていないかチェック

チェックした項目が多いほど、腎臓を傷める食べ方をしています。
食事内容、間食、食事量に問題がないのか……確認しましょう。

- □ 主食は食べずに肉、魚、卵中心に食べる
- □ 野菜はあまり食べない
- □ 毎食みそ汁やスープを飲む
- □ 肉や魚の加工品をよく食べる
- □ 濃い味つけのほうが好き

**食事内容に問題あり！**

- □ 毎日、お酒をよく飲む
- □ 甘いジュース類をよく飲む
- □ 菓子パンが好き
- □ 甘いものやスナック菓子をよく食べる
- □ 間食にファストフードをよく食べる

**間食、飲酒に問題あり！**

- □ 食べるのが早いほうだ
- □ おなかいっぱい食べる
- □ 食事を残すのが嫌で無理してでも食べる
- □ 朝は食欲がなく、抜くことが多い
- □ 遅い夕食や夜食をとることが多い

**食事量に問題あり！**

食習慣アドバイス2

## 欠食、食べすぎ、早食いは厳禁！

# 習慣づけたい！ 正しい食事のとり方

「1日3食を規則正しく」「腹八分」「よく噛んでゆっくり食べる」……。これは、生活習慣病を防ぐために守りたい食事のとり方です。腎臓病の食事療法にとり組む前に、しっかりと理解して習慣づけましょう。

朝食には、起きたての体にスイッチを入れる役割があります。夜眠っている間、約8時間はエネルギーを補給していません。**朝食をとることでエネルギーを得て、脳や体が目覚めます。**体全体が活性化されて、日中のエネルギー消費率の高い体になるのです。

**生活習慣病にとっては「過食」と「肥満」も大敵。**原因は、不規則な食生活や外食、コンビニ食の増加や運動不足によるもの。たくさん食べても、体を動かして、食べた以上のエネルギーを消費すれば太ることはありませんが、年齢を重ねることにより代謝が落ちて消費エネルギーが減ります。同じだけの食事量であれば、エネルギー消費量が低下して脂肪が蓄積してしまいます。**食べすぎを防ぐには、満腹になるまで食べずに「もう少し食べたい」と思うぐらいでやめること。**「腹八分目」の食事量にすることです。

## 習慣づけたい食習慣1

**朝食抜きは禁物！**
**1日3食を規則正しく**

1日の食事の回数を減らすと空腹の状態が続き、そのあと食事をすると、体がエネルギー不足に備えて脂肪をため込みやすくなります。1回の食事量も増え、基礎代謝が低下して太りやすい体質になります。
1日4食の食事も食べすぎにつながり、総エネルギーが多くなります。1日3食きちんととることを心がけましょう。

## 習慣づけたい食習慣2

**食事量は「腹八分目」で食べすぎを防ぐ**

「腹八分目」の食事量にすることは、思った以上に難しいのですが、次のようなことに気をつけて、できることから始めましょう。

- □ 主食の量を決める
- □ おかずは自分の食べる分を器に盛る
- □ 規則的ではない「だらだら食い」をやめる
- □ テレビを見ながらの「ながら食い」をやめる
- □ お菓子の買い置きはしない

## 習慣づけたい食習慣3

**1回の食事は15分以上！**
**よく噛んでゆっくり食べる**

食事をして血糖値がある程度上昇し、脳の満腹中枢に信号を送るまで、およそ15分かかります。その前に食べ終えてしまうと、満腹感を感じる間がないので過食に走ってしまいがち。1回の食事に15分以上かけて、ゆっくりと食べましょう。
さらに、よく噛むことで満腹感が得られやすくなり、肥満予防にもつながります。

食習慣
アドバイス
3

# アルコールのとり方

## お酒は飲んでいいの？　適量は？

ビールは、たんぱく質1.5g
焼酎は、たんぱく質ゼロ！

腎臓の症状が安定している場合、節度ある飲酒は、慢性腎臓病の危険因子にはならないとされています。適量を守り、つまみなどのエネルギーやたんぱく質量、食塩量などに注意すれば、飲酒は可能です。ただし、肝臓や膵臓の病気がある人、糖尿病などの生活習慣病を持っている人は除きます。

では、アルコールの適量はどのぐらいでしょうか？大量の飲酒は末期腎不全や心血管疾患のリスクを高めます。個人差もありますが、ビールなら500㎖、日本酒なら1合程度がめやすです。いずれにしても、医師の指導に従って適量を守りましょう。守れない場合は、お酒を断つことも必要です。

## アルコールの適量（めやす）と含まれるたんぱく質量

お酒の中にもたんぱく質が含まれています。たんぱく質を含むビールより、たんぱく質を含まないウイスキーや焼酎を選ぶのが賢明です。ただし、アルコール度数が高いお酒は、水分制限がなければ必ず水で割って飲むようにしましょう。

| 種類 | 容量（mℓ） | エネルギー量（kcal） | たんぱく質（g） |
|---|---|---|---|
| ビール | 500mℓ缶・1本 | 197 | 1.5 |
| 日本酒（純米酒） | 1合・180mℓ | 183 | 0.7 |
| ワイン（赤） | グラス2杯・200mℓ | 135 | 0.4 |
| 焼酎（乙類） | 110mℓ | 154 | 0 |
| ウイスキー | ダブル・60mℓ | 134 | 0 |

## 食塩を多く含んだ、高たんぱく質のおつまみに要注意！

アルコールの量と質に気を配ると同時に気をつけたいのが、おつまみです。珍味のような乾き物やナッツ、チーズなどは高たんぱくで食塩量も多いので、量は控えることが肝心です。おつまみは食事の一部と考え、食事全体のたんぱく質量が増えないように調整しましょう。

**カマンベールチーズ**
1切れ（25g）

たんぱく質 4.8g　食塩相当量 0.5g

**あたりめ**
10g

たんぱく質 6.9g　食塩相当量 0.3g

食習慣
アドバイス
4

# 食事日記でセルフケア

## 食生活の改善は食事を記録することから

同じ内容の食事をしていても、それを体にとり入れ、代謝するには個人差があります。腎機能を守る食事を始めるにあたって、適切な食事ができているのかを把握するためにも、「食事日記」をつけることをおすすめします。1日のうちに食べたり飲んだりしたものを、ありのまま書き出して記録しましょう。毎日のエネルギーやたんぱく質量、食塩量が把握でき、何をどう食べたかだけでなく、食事療法が適切かどうかの判断材料にもなります。

続けてみると、夕食の時間が遅かったり、朝食や昼食での食事量が思いのほか多かったり、これまで気づかなかった問題点も見えてくるはずです。

### 食品の栄養成分表示を必ずチェック！

市販されている食品のパッケージには、栄養成分が必ず表示されています。食品を購入する際はチェックする習慣をつけましょう。

●栄養成分表示の例・インスタントラーメン

| | |
|---|---|
| エネルギー | 468㎉ |
| たんぱく質 | 8.9g |
| 脂質 | 22.2g |
| 炭水化物 | 58.2g |
| 食塩相当量 | 5.5g<br>めん・やくみ　1.7g<br>スープ　3.8g |

栄養成分表示
1食(99g)あたり

## 食事内容を記録するときのポイント

ノート、メモ帳、あるいはスマホやパソコンなど、下記の要領で記録します。とにかく、一日の終わりに食事日記をつけることを習慣づけましょう。

| | 食事内容 | エネルギー（kcal） | たんぱく質（g） | 食塩相当量（g） |
|---|---|---|---|---|
| 朝食 7時30分 | トースト（6枚切り） 1枚<br>バター、いちごジャム | | | |
| | 目玉焼き　卵1個<br>ミニトマト3個、サニーレタス2枚<br>フレンチドレッシング | | | |
| | コーヒー（砂糖、ミルク） | | | |
| | | | | |
| | 合計 | | | |
| 昼食 12時30分 | ラーメン | | | |
| | みかん　1個 | | | |
| | | | | |
| | 合計 | | | |
| 夕食 19時 | ご飯　180g | 281 | 4.5 | 0 |
| | 鶏の照り焼き | 181 | 9.4 | 1.1 |
| | きゅうりのこんぶ漬け | 6 | 0.4 | 0.2 |
| | ポテトサラダ | 133 | 1.6 | 0.5 |
| | 合計 | 601 | 15.9 | 1.8 |
| 間食 15時 | 紅茶（レモン、砂糖） | | | |
| | | | | |
| | | | | |
| 1日の合計 | | | | |

**ステップ1**
最初は、とにかく食事内容を書き留める習慣をつけることが大切。食べたもの、飲んだもの、料理に使った調味料なども忘れずに書き込みます。

**ステップ2**
次にたんぱく質や食塩量が多い食品をチェックして、献立づくりなどの手がかりにします。

**ステップ3**
慣れてきたら、日本食品標準成分表や商品の栄養表示ラベルを参考にして、わかる範囲でエネルギーやたんぱく質量などを計算します。

**ステップ4**
よく使う調味料や食品、料理のレシピの栄養価はメモしておくと、以降の手がかりになります。本書では日常よく使う食品の栄養価を収載していますので、参考にしてください。

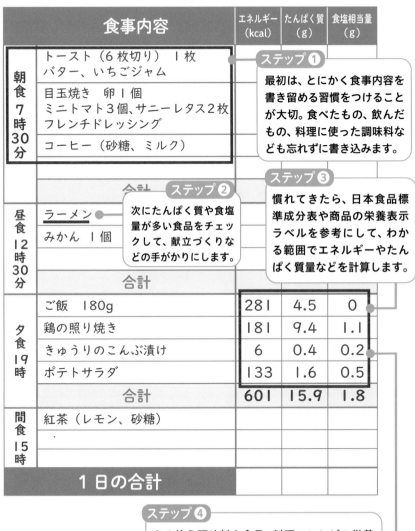

生活を見直す

# 腎機能を守る よい睡眠をとるコツ

1日6～8時間の適度な睡眠は、体の代謝やさまざまな生理機能を維持するために必要です。睡眠不足は、腎臓病と関連のある糖尿病、肥満、高血圧、心血管疾患の死亡率が高くなることがわかっています。よい睡眠のポイントは次の4つです。

## 1 規則正しい生活を送る

私たちの体には体内時計が備わっていて、ホルモンの分泌により、日中は活動的に、夜は眠くなるように調整されています。不規則な生活はホルモン分泌を乱します。

## 2 適度な運動をする

適度な運動習慣は、質のよい睡眠を維持するために大切です。ただし、激しい運動は睡眠の妨げになり腎臓に負担をかけるので、ストレッチや有酸素運動を習慣にしましょう。

## 3 就寝2～3時間前に入浴する

睡眠のためには、就寝2～3時間前の入浴がおすすめです。脳の温度が下がるときに眠くなりやすいので、体温を一時的に上げておくことで寝つきがよくなります。

## 4 朝起きたら太陽の光を浴びる

人の体内時計は24時間より少し長いのですが、太陽の光を浴びることでリセットできます。朝起きたら、まずはカーテンを開けましょう。

## 質のよい睡眠のための1日のサイクル

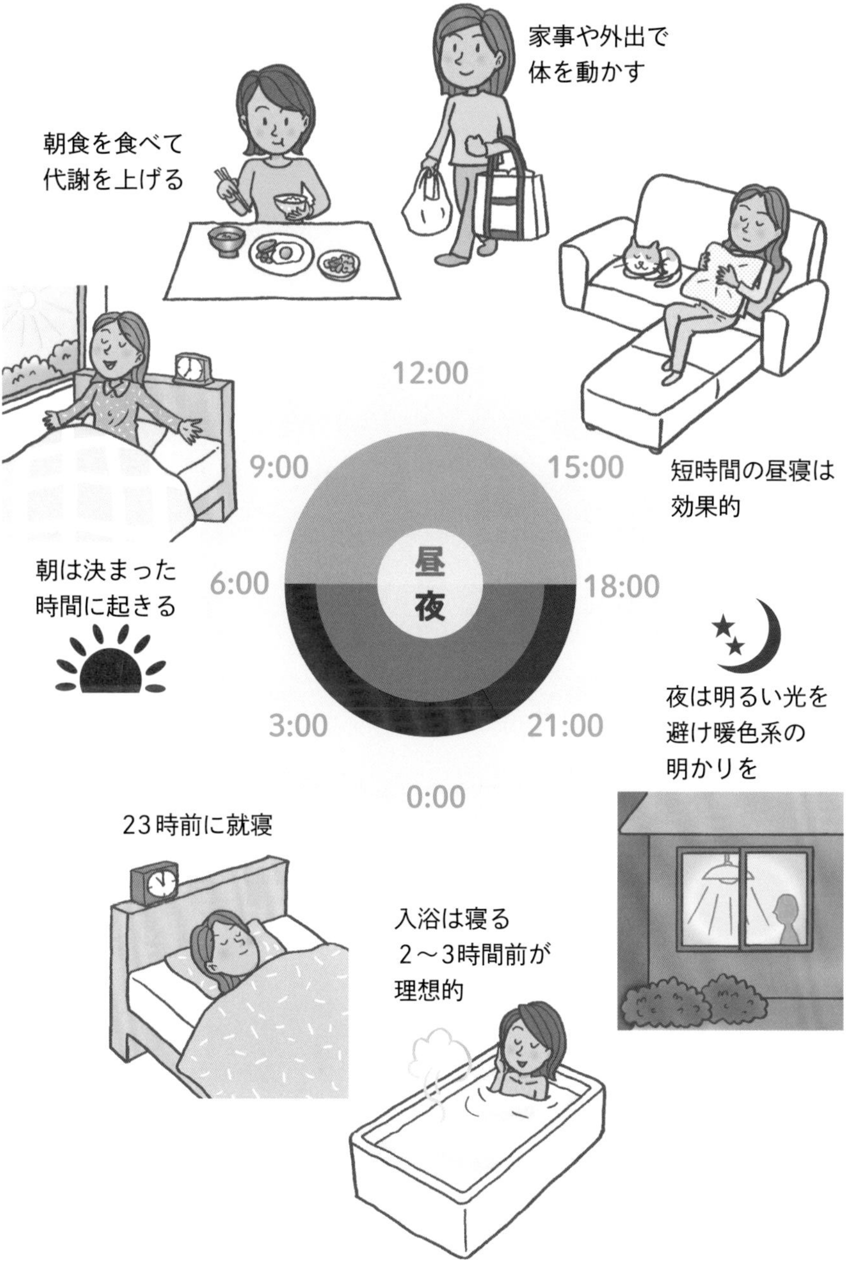
家事や外出で
体を動かす
朝食を食べて
代謝を上げる
12:00
9:00
15:00
短時間の昼寝は
効果的
朝は決まった
時間に起きる
6:00
昼
夜
18:00
夜は明るい光を
避け暖色系の
明かりを
3:00
21:00
0:00
23時前に就寝
入浴は寝る
2～3時間前が
理想的

生活を見直す

# 軽い運動を続けて腎機能を守りましょう

　腎臓病にとって疲労は大敵です。疲れすぎることはよくありませんが、適度な運動は、糖尿病、高血圧、脂質異常症など腎臓病を悪化させる生活習慣病の予防、改善に効果があり、筋肉量の低下を抑えることがわかってきました。現在は、医師から安静の指示が出ていない限り、運動をするほうがよいとされています。

　腎機能を守る運動は、週3～5日の有酸素運動と、週2～3日のレジスタンス運動が理想です。ふだん、運動習慣のない人は、「しっかり歩くこと」やストレッチから始めましょう。疲労感が残らない程度の運動量を心がけ、筋肉がついたら、無理のない範囲で運動量を上げていきます。レジスタンス運動とは、スクワットなどの筋力トレーニングや、ダンベルを使った運動です。

　運動の強度は、メッツという単位が参考になります。安静状態を1メッツとして、運動強度が上がるにつれて高い数値で表します。「慢性腎臓病の重症度分類（CGA分類）」（26ページ参照）で、緑や黄色の状態にある人は、4～5メッツが運動量のめやすです。

## 運動のめやすとなるメッツ表

| 1メッツ | 2メッツ | 3メッツ | 4メッツ | 5メッツ |
| --- | --- | --- | --- | --- |
|  |  |  |  |  |
| 安静 | 入浴　洗濯<br>調理　ヨガ<br>ぶらぶら歩き<br>ボーリング<br>ストレッチ | 掃除<br>ふつう歩き<br>ゲートボール<br>グラウンドゴルフ | 庭仕事　日本舞踊<br>少し速く歩く<br>ラジオ体操<br>水泳（ゆっくり）<br>水中ウォーキング | 農作業<br>早歩き　卓球<br>ダンス　ゴルフ<br>スケート |

## 生活に運動をとり入れるコツ

### コツ1

**しっかり歩きを心がける**

「しっかり歩き」（139ページ参照）をする

### コツ2

**階段を利用する**

こまめに階段を上り下りする

### コツ3

**外食後は歩く量を増やす**

歩く時間と機会をつくる

### コツ4

**座ってすることも立って行う**

座りっぱなしの生活をしない

### コツ5

**１日１回は外出する**

散歩や犬の散歩で外に出る

### 効く！ ストレッチのコツ

❶1カ所につき20秒間のばす
❷息をしながら行う
❸大きな筋肉を中心に行う

声に出して数を数えると、
息を止めることなく
自然に呼吸ができます。

ストレッチには、筋肉の疲れをとり運動の効果を上げる、筋肉の動きをよくしてケガを防ぐ、気持ちをリラックスさせるなどの効果があります。ウォーキング前の準備体操として、または、お風呂に入ったあと、体が温まった状態で行い、ほぐれた体で眠りにつくのもおすすめです。

おすすめの運動①

# 上半身のストレッチ

上半身のストレッチは、肩や背中のコリをとる、腰痛改善にも効果が期待できます。

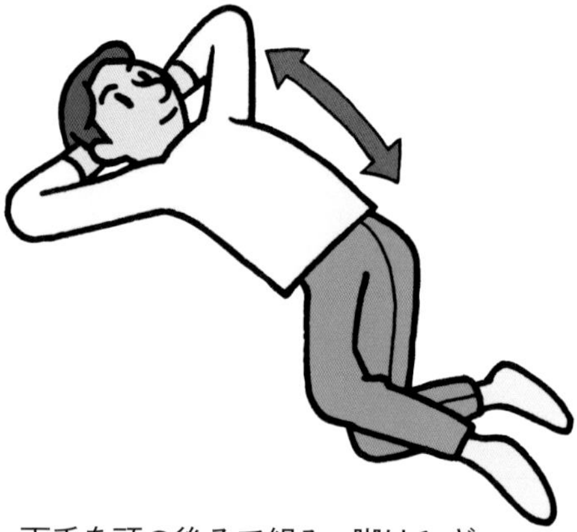

両手を頭の後ろで組み、脚はひざを曲げて組む。肩甲骨が床から浮かないようにしながら、組んだ脚側に体を倒す（左右各１回）。
＊脇腹と太ももの外側ものびます。

左右の手を組んで、腕を床と水平にのばし、いすの背もたれに背中を押しつけるようにしながら、背中と首の後ろをのばす。
＊へそをのぞくようにすると、首や腰がよくのびます。

おすすめの運動②

# 下半身のストレッチ

**下半身には太ももやおしりに大きな筋肉があり、効果的にストレッチを行うことができます。背中と脚を同時にのばすことで腰がのびて腰痛の予防にもなります。**

片側のひざを抱え、太ももの前側をのばしながら、反対側の脚の股関節をのばす（左右各1回）。

片側の脚をのばし、同じ側の手で足首をつかむようにし、ひじとひざがくっつくように上体をたおす（左右各1回）。

片側のひざを曲げ、足の甲を同じ側の手で支えた状態で、足を引き下げる（左右各1回）。

おすすめの運動③

# しっかり歩き

歩くことは、もっとも手軽にできる有酸素運動です。ふだん歩くよりも、全身を使ってしっかり歩くことで、血行がよくなる、心肺機能が維持できる、肥満解消、血圧や血糖値の改善などに効果が期待できます。

運動が苦手な人は、最初は5分くらいでも大丈夫です。慣れてきたら時間を長くしたり、歩く速度を速めたりすると、運動効果が高くなります。

## 「しっかり歩き」を効果的に安全に行うための心がけ

1. 新たに運動を始めるときは必ず主治医に相談しましょう
2. しっかり歩きの前後はストレッチを行いましょう
3. 水分を忘れずにこまめに補給しましょう
4. 体調が悪いときは無理をせず、しっかり休むようにしましょう
5. 栄養や睡眠を十分にとって運動するようにしましょう
6. 歩数計などを使って毎日の記録をつけると長続きします
7. がんばりすぎず、疲れすぎず、気持ちのいい程度の運動を心がけましょう

## 「しっかり歩き」とは

**いつもなら10分かかる道のりを、**
**9分で歩き、歩幅を広くとるだけでも、**
**しっかり歩きになります！**

**1日 20分くらい**

**全身の筋肉を使う歩き方を心がければ効果が上がる**

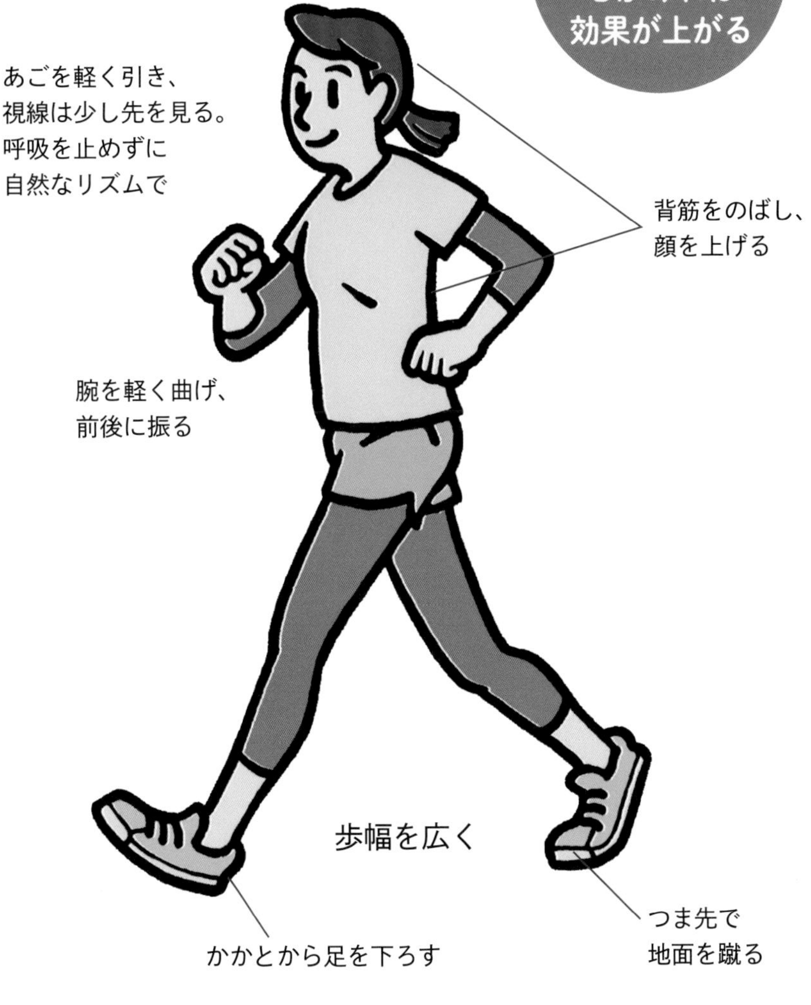
あごを軽く引き、
視線は少し先を見る。
呼吸を止めずに
自然なリズムで
背筋をのばし、
顔を上げる
腕を軽く曲げ、
前後に振る
歩幅を広く
かかとから足を下ろす
つま先で
地面を蹴る

おすすめの運動④

# 座ったまま ウォーク

座ったままでも、腕を前後に振って上半身も一緒に動かすと、全身運動になります。早足のウォーキングが難しい人や、ひざに負担のかかりやすい肥満の人は、無理をせず座ったままウォークから始めましょう。

**1日5分程度を2〜3回**

いすに深めに腰かけ、ウォーキングをするように足踏みする

腕はひじを軽く曲げ、まっすぐ後ろに引くように意識しながら前後に振る

**効果を上げるポイント**

- 背筋をのばし、腕を前後に大きめに振る
- 少し汗ばむ程度に行う

太ももをできるだけ上げる

つま先から着地する

おすすめの運動⑤

# サイクリング

**15〜20分**

**サイクリングはひざの負担が少ないスポーツです。はじめは平坦な道を選び、悪路は避けます。疲れすぎないように、復路の距離も考えてコースを選びましょう。**

## ●サドルの高さの正しい設定

このように設定すると、ひざの角度が90度よりも深くなることはなく、ひざに負担がかかりません

いちばん下がった状態のペダルにかかとを乗せて、ひざがのびきるくらいの高さに、サドルを設定します

こぐときは、足の親指のつけ根あたりでペダルをこぐようにすると、ひざが軽く曲がり、理想的です

おすすめの運動⑥

# スクワット

太もも（大腿四頭筋、ハムストリングス）、背中（脊柱起立筋）、おしり（大殿筋）などに、まんべんなく効きます。

10回

手のひらを
上に向ける

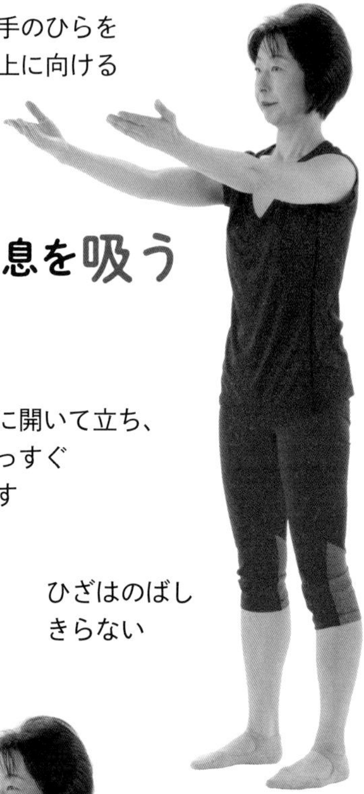

息を吸う

**1**

足を肩幅に開いて立ち、
両腕はまっすぐ
前にのばす

ひざはのばし
きらない

肩幅に開く

**2** ゆっくりと腰を落とし、
３秒キープする

息を吐く

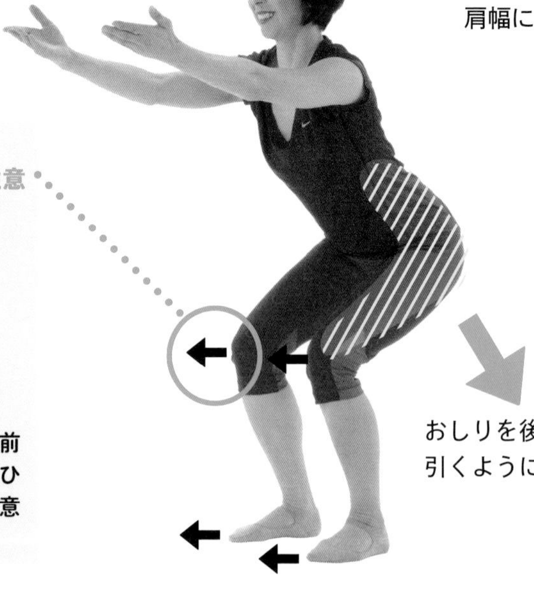

ひざがつま先よりも
前に出ないように注意

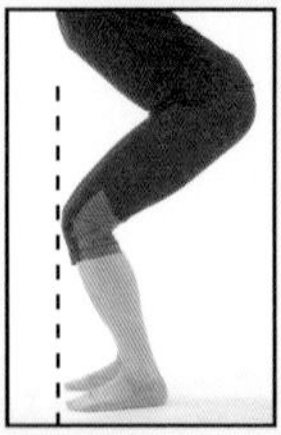

ひざがつま先より前に出てしまうと、ひざを痛めるので注意しましょう。

おしりを後ろに
引くように

おすすめの運動⑦

# 両手で支える スクワット

10回

太もも（大腿四頭筋、ハムストリングス）、背中（脊柱起立筋）、おしり（大臀筋）、おなか（腹筋）などに、まんべんなく効きます。

**これでもOK!**

少ししか腰が落とせなくても大丈夫。できる範囲で行いましょう。

## 息を吸う

**1**

足を肩幅に開いて立ち、両手でいすにつかまる。

ひざは のばしきらない

肩幅に開く

＊**2**で息を吐きながら、1、2、3、4とゆっくり数えて腰を落とし、3秒キープしてから、5、6、7、8で再び息を吸いながら元に戻ると、自然に呼吸ができます。

## 息を吐く

**2**

ゆっくりと腰を落とし、3秒キープ

腰を真下に 下げるように

つま先がひざよりも前に出ないように、また、ひざと足先（第2指）の向きができるだけずれないように注意

おすすめのリラックス法①

# 深い呼吸で体をゆるめる

**体が緊張しているとき、呼吸は浅くなりがちです。猫背やうつむきがちの姿勢は、体をこわばらせる原因です。深い呼吸により胸を開き、肩甲骨を意識して動かして背中から腰にかけて筋肉をゆるめることでリラックス効果が期待できます。**

立って

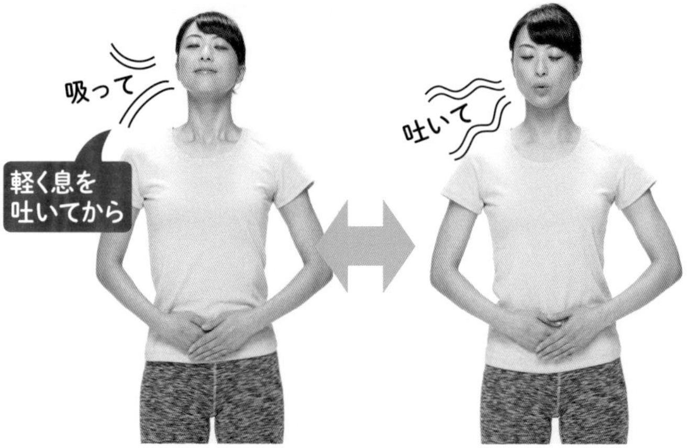


座って

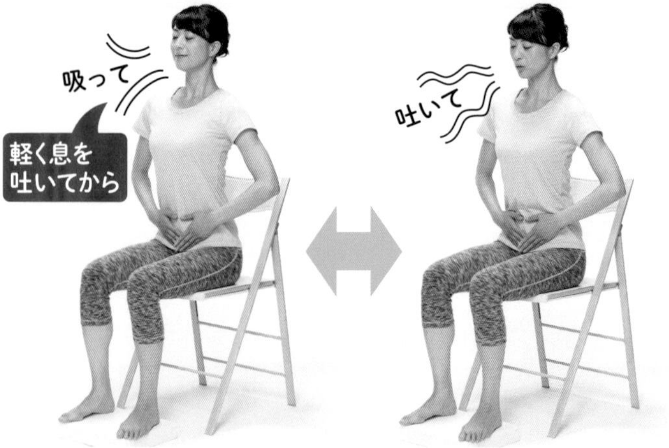


**1** 7秒かけてゆっくりと鼻から息を吸います

**2** 7秒かけてゆっくりと口から息を吐きます

**3** 深い呼吸を2～3分続けながら肩の力を抜いていきます

おすすめのリラックス法②

# ツボを刺激して血流をよくする

**背中や首にあるツボを刺激すると、血流がよくなり、疲れを軽くすることができます。朝起きてなんとなく頭がすっきりしない、または1日の終わりに疲れを感じたとき、自分でできる体をいたわる方法を覚えておくとよいでしょう。**

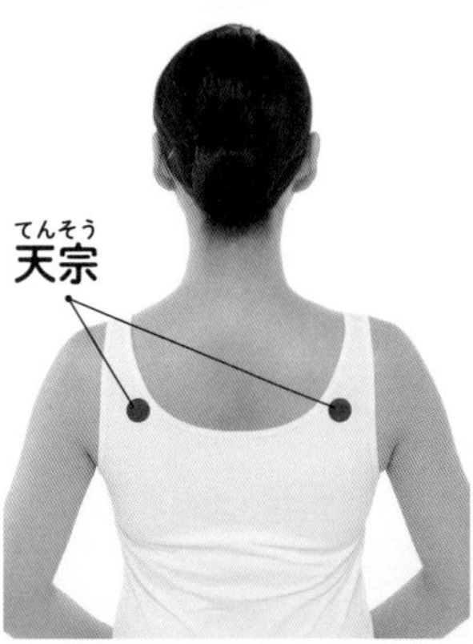

**天宗《てんそう》**

天宗は肩甲骨の中央にある。しゃっくりを止める効果も

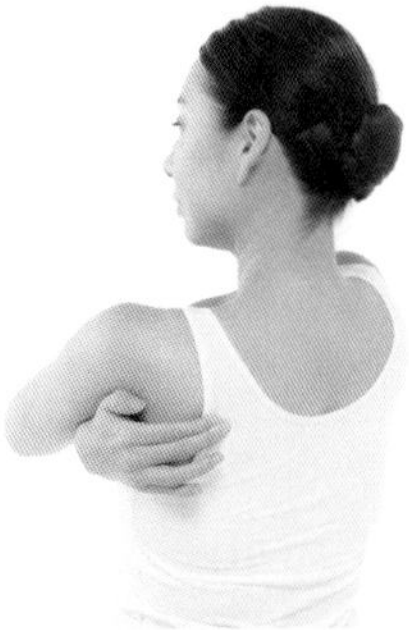

反対側の手をわきから回して、少し強めに押す。左右どちらも行う

**胸鎖乳突筋つまみ**

胸鎖乳突筋をつまんで上から順に引っぱっていく。つまみにくい人は、首を傾け、傾けた側の手でつまむとよい

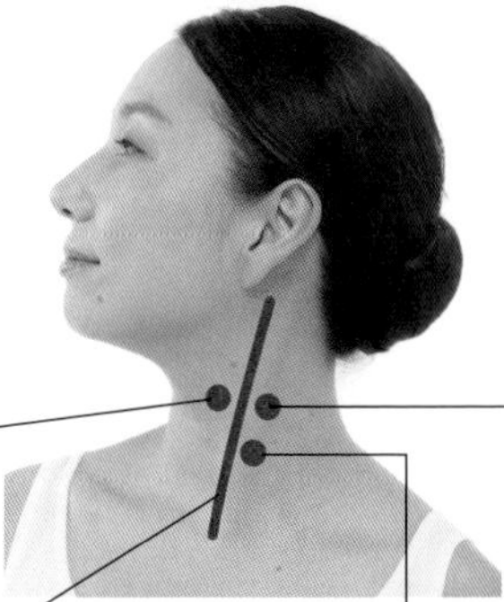

**天鼎《てんてい》**

のどの痛みやストレスなどに有効

**扶突《ふとつ》**

せきやのどの痛みに有効

**胸鎖乳突筋**

首のツボは自分で見つけるのは難しいので、胸鎖乳突筋をつまむことで一度に刺激する

**天窓《てんそう》**

耳鳴りなどに有効

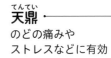

生活を見直す

# 腎臓病患者さんに適した入浴方法

リラックス効果

・湯の温度は37～41度

入浴を控えましょう

・体調が悪いとき
・血圧が高いとき
・むくみがあるときなど

よい睡眠が得られる効果が

・1回の入浴は3～5分
・就寝の2～3時間前がベスト

入浴には、血行をよくする、筋肉をほぐす、新陳代謝を高め、ストレスを解消する効果があります。運動したのと同じように体温を上げるので、就寝の2～3時間前に入浴をすると、ちょうど体温が下がった頃に就寝時間となり、入眠効果にもつながります。

腎臓への血流も増えるので、腎臓病にもよい効果がありますが、入浴方法によっては高血圧、脱水の原因にもなるので注意が必要です。腎機能を保つための入浴時の風呂温度は37～41度くらいです。それ以上だと血圧上昇の危険があります。入浴時間は1回3～5分で、数回に分けて入るようにしましょう。

血圧が高いとき、体調が悪いとき、むくみがあるときなどは、入浴は控えましょう。また、湯から上がったら、湯冷めしないように注意してください。

なぜ腎機能が落ちるの？
原因を知り悪化を
防ぎましょう

# 4章

# 腎臓が悪くなる病気の原因と治療

慢性腎臓病（CKD）は、腎機能がだんだん低下する腎臓病の総称です。原因によりさまざまな種類があります。透析が必要になる患者さんに多い慢性腎臓病は、糖尿病性腎症、慢性糸球体腎炎、高血圧性腎硬化症。病気を知るとともに治療を開始しましょう。

疲れをためない、適切な食事と運動といった腎臓を守る生活は何よりも大切。病気を進行させないための、自宅でできる健康管理術を身につけることで、病気の悪化を防ぐことができます。

## 慢性腎臓病は腎機能が だんだん低下する病気です

慢性腎臓病（ＣＫＤ）は、原因になる病気にかかわらず、腎機能がだんだん低下する腎臓病の総称です。かなり進行するまで自覚症状がないため、見過ごされることも多いのが特徴です。

慢性腎臓病は、原因となる病気によって、さまざまな種類があります。なかでも透析が必要になる患者さんに多い慢性腎臓病は、糖尿病性腎症、慢性糸球体腎炎、高血圧性腎硬化症です。１９９７年以前は、透析になることがもっとも多い原因疾患は慢性糸球体腎炎でした。しかし治療が進歩したため慢性糸球体腎炎は年々減少して、現在は糖尿病性腎症が１位です。近年、高血圧性腎硬化症による透析患者さんも増加しています。慢性腎臓病の種類はほかにも、多発性嚢胞腎、慢性腎盂腎炎、間質性腎炎などがあります。

病気を早期に発見するためには、定期的に健康診断を受けて、腎機能に関する検査項目で異常値が出たら、専門の病院で詳しく検査することが大切です。腎臓病と診断されても治療をせずに放置すると、病気が進行して末期腎不全になり、透析が必要になります。腎機能が低下すると、脳卒中、心筋梗塞、心不全といった心血管疾患のリスクも高くなります。慢性腎臓病は、糖尿病、高血圧、脂質異常症、肥満症などの生活習慣病と深くかかわり合っています。生活習慣病は、食事、運動、喫煙などの習慣を見直すことで予防することができ、腎臓病の予防や進行を遅らせることにもつながります。

## 透析導入患者の原因疾患

2021年

| | |
|---|---|
| 糖尿病性腎症 | 40.2％ |
| 慢性糸球体腎炎 | 14.2％ |
| 腎硬化症 | 18.2％ |
| 多発性嚢胞腎 | 2.6％ |
| 慢性腎盂腎炎，間質性腎炎 | 0.6％ |
| 急速進行性糸球体腎炎 | 1.6％ |
| 自己免疫性疾患に伴う腎炎 | 0.5％ |
| 不明 | 13.4％ |

一般社団法人日本透析医学会「わが国の慢性透析療法の現況（2021年12月31日現在）」

## 慢性腎臓病（CKD）は慢性に経過する腎臓病の総称

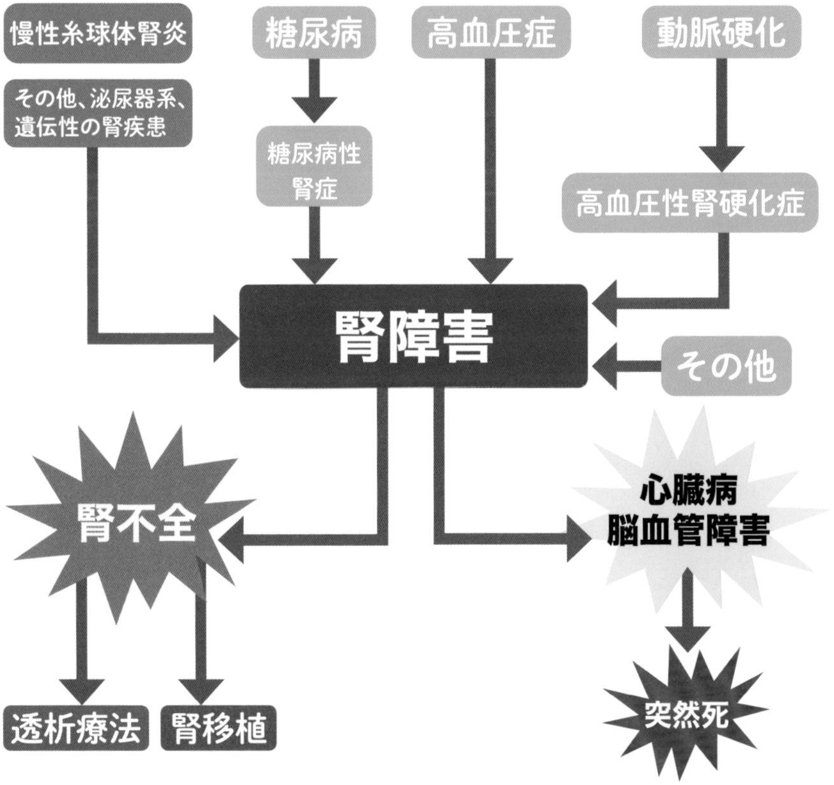

## 慢性腎臓病は原因により種類はさまざま

慢性腎臓病にはさまざまな種類があります。

糖尿病性腎症や高血圧性腎硬化症などは、加齢とともに発症しやすい腎臓病ですが、原因となる糖尿病や高血圧、メタボリックシンドロームは、生活習慣を改善することで予防や改善が可能です。

それぞれの慢性腎臓病の特徴を紹介します。

### ●慢性糸球体腎炎とは

腎臓の糸球体が炎症を起こして、血液をうまくろ過できなくなる腎臓病の総称で、ろ過されない血液中のタンパク質や赤血球が尿中にもれ出る状態が長期にわたって続きます。

**・IgA《アイジーエー》腎症**

慢性糸球体腎炎の中でもっとも多い疾患で、糸球体に、抗体の一種であるＩｇＡ（免疫グロブリンＡ）が沈着することで炎症が起こると考えられています。国の指定難病です。

**・膜性腎症**

慢性糸球体腎炎のひとつで、糸球体基底膜に、抗体の一種であるＩｇＧ（免疫グロブリンＧ）が沈着することで炎症が起こると考えられています。中高年での発症が比較的多いことが特徴です。治療によりよくなる場合もありますが、徐々に進行して腎不全にいたることもあります。

### ●糖尿病性腎症とは

糖尿病性腎症は、糖尿病が原因で起こる慢性腎臓病です。糖尿病はインスリンというホルモンの不足や作用の低下が原因で、血液中のブドウ糖（血糖）が過剰になった状態（高血糖）が慢性的に続く病気です。1型と2型があり、2型の糖尿病は遺伝的要因に、肥満、運動不足、喫煙、過量飲酒などの生活習慣が重なって起こります。高血圧**も糖尿病のリスクのひとつ**です。

高血糖の状態が続くと、血管障害が起こります。腎臓の糸球体はこまかい血管の集合体なので、高血糖の状態にあることで糸球体の血管壁に障害が起こります。そして、通常ろ過されないタンパク質が尿中に出て、逆に、ろ過されるべき老廃物や水分が十分にろ過されなくなり、腎臓の機能が徐々に低下していきます。

糖尿病性腎症を防ぐには、原因となる糖尿病を防ぐために、生活習慣の改善が欠かせません。糖尿病と診断された人は、自覚症状がなくても治療を中断せず、血糖コントロールをしっかり行うことが重要です。診断から5年以上の患者さんは特に注意が必要です。年に一度は、尿検査をして早期発見に努めましょう。

## 糖尿病発症のメカニズム

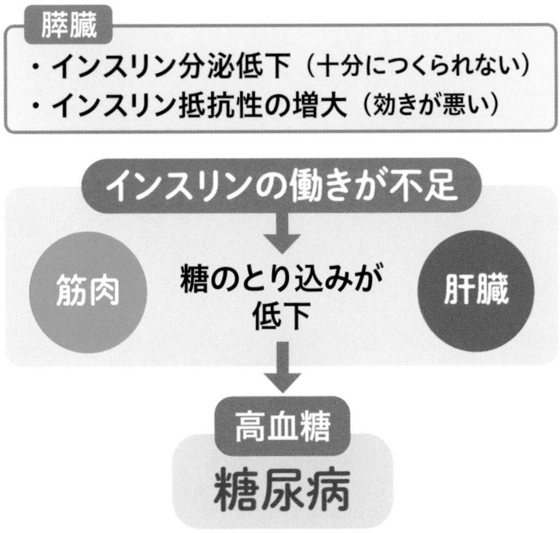

## 高血圧性腎硬化症とは

高血圧性腎硬化症は、**高血圧が原因で腎臓の血管に動脈硬化が起こり、腎臓の障害をもたらす病気です**。高血圧が続くと、腎臓にある糸球体に血液を送る細い動脈に負担をかけ、血管の壁が厚くなり、動脈内が狭くなる状態、つまり動脈硬化が進行します。その結果、糸球体への血液の量が少なくなり、尿細管が萎縮して、腎機能が低下します。動脈硬化になると血液中の老廃物や余分な水分が尿としてうまく排泄できなくなり、腎臓自体も萎縮していきます。

高血圧性腎硬化症は、ほかの慢性腎臓病と同じように、初期の段階では自覚症状がなく、タンパク尿も少ないものの、原因である高血圧を放置することで腎機能が少しずつ悪化していきます。また、腎機能が障害を受けると、その影

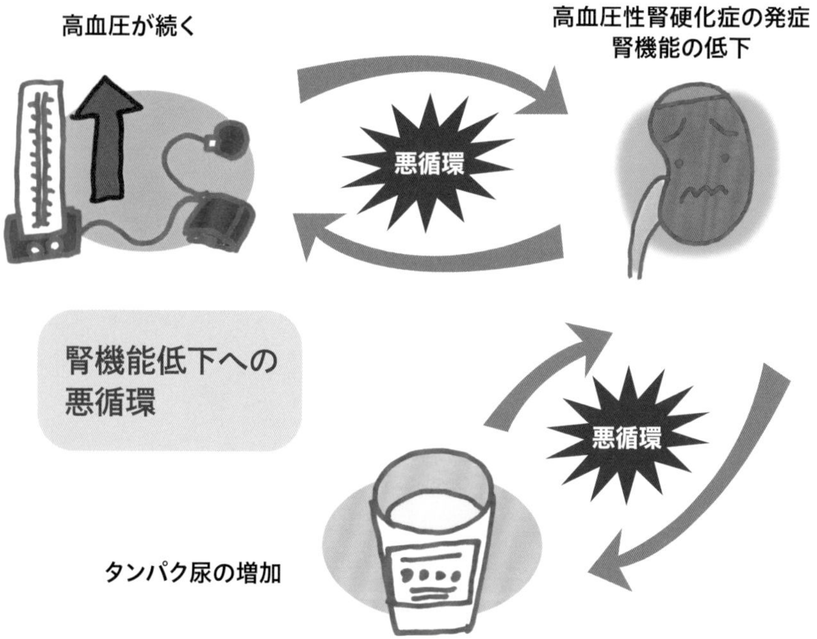

響で高血圧も悪化するという悪循環が生じて腎臓病も進行していきます。

腎機能が低下するとタンパク尿が増え、さらに腎機能が低下します。**高血圧性腎硬化症を悪化させないためにも高血圧の治療は大切です。**

## ●その他の慢性腎臓病

### ・多発性嚢胞腎とは

両側の腎臓に嚢胞という液体がたまった袋がたくさんできて、腎臓の働きが徐々に低下していく遺伝性の腎臓病で、国の指定難病です。30歳くらいで発症することが多く、70歳までに約半数が腎不全に進行するといわれています。

### ・ループス腎炎とは

膠原病の一種である全身性エリテマトーデス（ＳＬＥ）によって引き起こされる腎臓病です。ＳＬＥは、国の指定難病です。糸球体に抗原と抗体からなる免疫複合体が沈着することで炎症を起こします。

### ・薬剤性腎障害

診断や治療に使われる薬が原因で腎機能を低下させる障害を、薬剤性腎障害といいます。

### ・腎盂腎炎とは

腎臓、尿管、膀胱、尿道に生じた感染症を尿路感染症といいますが、その中で、腎盂にまで及んだ感染症を腎盂腎炎といいます。多くの場合は急性に高熱、悪寒、腰痛などが起こる急性腎盂腎炎ですが、比較的症状が軽く、微熱や食欲不振の症状が続くものを慢性腎盂腎炎といいます。

通常、正しく治療を行えば腎機能の低下を防ぐことができます。

## 慢性腎臓病が進行すると起こる合併症

慢性腎臓病が進行すると、さまざまな合併症が起こりやすくなります。代表的な合併症は、**腎性貧血、骨・ミネラル代謝異常、尿毒症です。心血管疾患も合併症のひとつです。**

腎性貧血は、腎機能低下によるエリスロポエチン産生の低下によって起こります。尿毒素による造血障害や赤血球寿命の短縮が、貧血に関与していると考えられています。

骨・ミネラル代謝異常は、腎機能の低下によりビタミンDが活性化できず、カルシウムやリンなどの検査値の異常、骨強度など骨の異常、血管などの石灰化のうち一つ以上が起こる障害です。心血管疾患の増加など生命予後を悪化させます。

尿毒症は、腎機能が極度に低下し、尿毒素と呼ばれるものの一種であるクレアチニン、各種タンパク質代謝産物など、本来、尿中に排出される老廃物が体内に蓄積することで起こる全身の臓器障害です。初期には症状が出ませんが、しだいに食欲がなくなりだるくなるなど、尿毒症の症状が出現します。進行すると生命の危険があるため、透析導入などが検討されます。

心血管疾患は、腎臓病の進行に伴うさまざまなリスク因子が影響して起こると考えられています。高血圧、脂質異常症、糖尿病などの進行に伴いリスクが増加します。喫煙、酸化ストレスなどの環境因子も影響します。腎機能低下に伴う腎性貧血もリスクになるので、こうした悪循環を断ち切り、体によい生活を心がけることが大切です。

## 慢性腎臓病の主な合併症

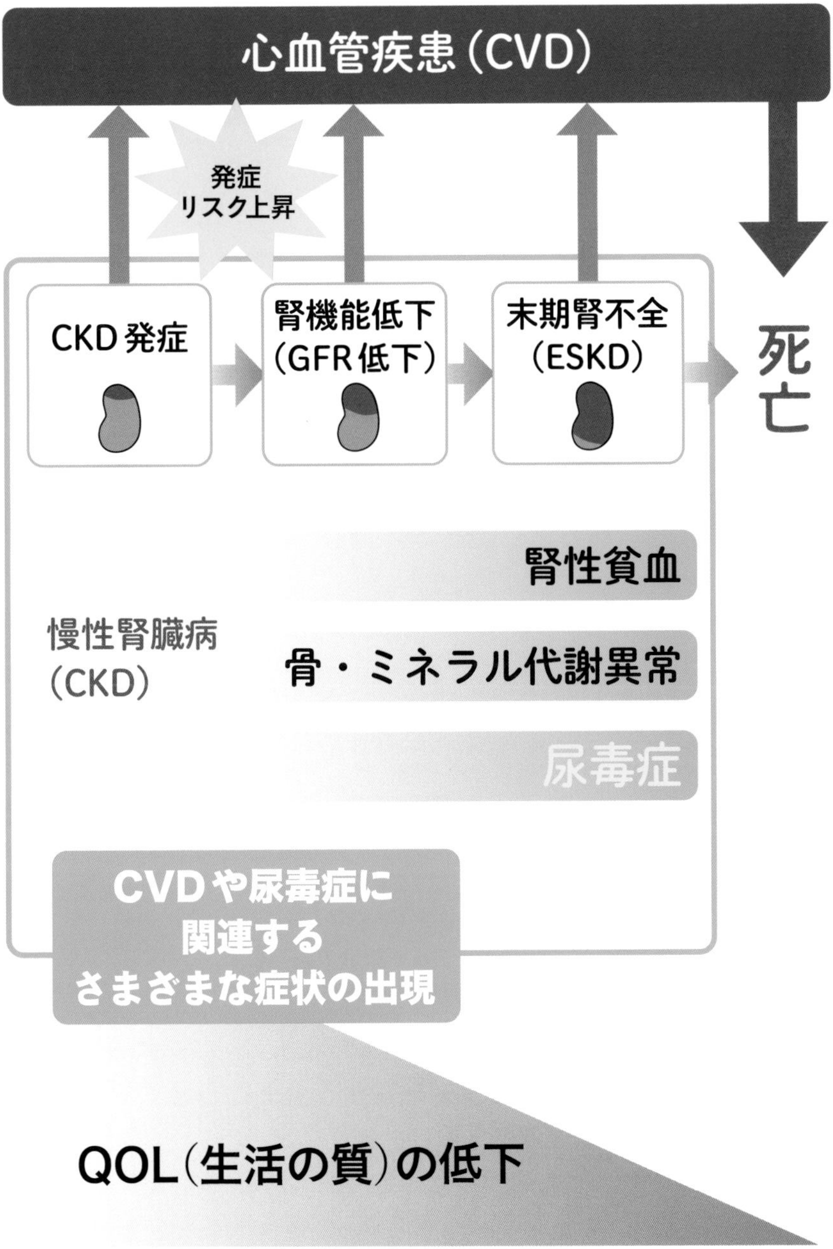

## 慢性腎臓病を診断するための検査の流れ

健康診断などで腎臓病に関連して基準値を超える項目があったら、一度、専門の病院で相談をするようにしましょう。病院では、さらに詳しい尿検査、血液検査、画像検査を行います。画像検査は、超音波検査（エコー検査）やＣＴ検査、ＭＲＩ検査などがあり、主に腎臓の萎縮や尿路の異常、腎臓の血流の状態を調べます。

必要に応じて、腎生検という検査をします。背中から細い針を刺して、腎臓の組織を採取し、顕微鏡で調べる検査です。腎臓病の診断とともに、腎臓病の原因を調べることができるため、その後の治療に役立ちます。検査のために4～5日の入院が必要です。

**詳しい検査をして慢性腎臓病と診断されるのは、次の①、②のいずれか、また両方が３カ月以上持続する場合です。**

**①** 尿異常、画像診断、血液、病理で腎障害の存在が明らか。
特に尿タンパクが0.15g/gCr以上のタンパク尿（30㎎/gCr以上のアルブミン尿）

**②** 糸球体ろ過量（GFR）60㎖/min./1.73㎡未満。
糸球体ろ過量は、糸球体が１分間にろ過することのできる血液の量のこと。
健康な人は、100㎖/min./1.73㎡くらいです。

## 慢性腎臓病（CKD）の検査の流れ

問診・身体所見

↓

尿検査

↓

血液検査

血清クレアチニン
尿素窒素
電解質
免疫学的検査など

↓

画像検査

超音波検査
CT 検査
MRI 検査など

↓

（必要に応じて）

↓

腎生検

→ 糸球体ろ過量（GFR）が60mℓ /min./1.73㎡未満

↓

尿異常、画像診断、血液、
病理で腎障害の存在が明らか。
特にタンパク尿が
出ている場合。

どちらかひとつ、
または両方が
3カ月以上続いている場合
**CKD**

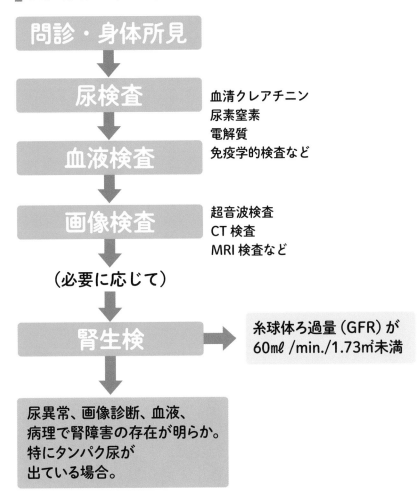

## 慢性腎臓病の治療の目的は腎不全と心血管疾患の予防

慢性腎臓病の治療の目的は大きく二つあります。ひとつは**腎機能の低下をできるだけ抑えて、透析療法が必要な末期腎不全への進行を遅らせること。**もうひとつは、腎機能の低下とともにリスクが高くなる**心血管疾患の発症を抑制すること**です。

慢性腎臓病は、基本的には自然によくなることはありません。自覚症状がなくても、治療をしなければ病気は進行します。そして自覚症状が出たときには、腎機能がかなり低下した状態になっていることが多いのです。慢性腎臓病の中には、早期発見、早期治療で治すことのできる疾患もあります。糖尿病や高血圧と診断されている人は、それらの治療をすることで、進行を遅らせられる場合もあります。

慢性腎臓病の治療の基本は、食事療法、運動療法、薬物療法です。ストレスや過労、不規則な日常生活も腎機能を低下させます。医師の指導に従い、食事、運動を含めた生活習慣の改善を行い、効果が不十分な場合は、薬物療法を始めます。**薬物療法の基本は、原因になっている病気の治療です。**受診して治療が始まったら、途中でやめずにつづけましょう。

糖尿病、高血圧、脂質異常症、肥満症などの生活習慣病の予防と、すでにこれらの生活習慣病を発症している人は、その治療を継続します。今はまだ腎臓病と診断されていなくても、定期的に腎機能の検査をして腎機能を守る食事や生活習慣を心がけましょう。

## 慢性腎臓病の治療の基本

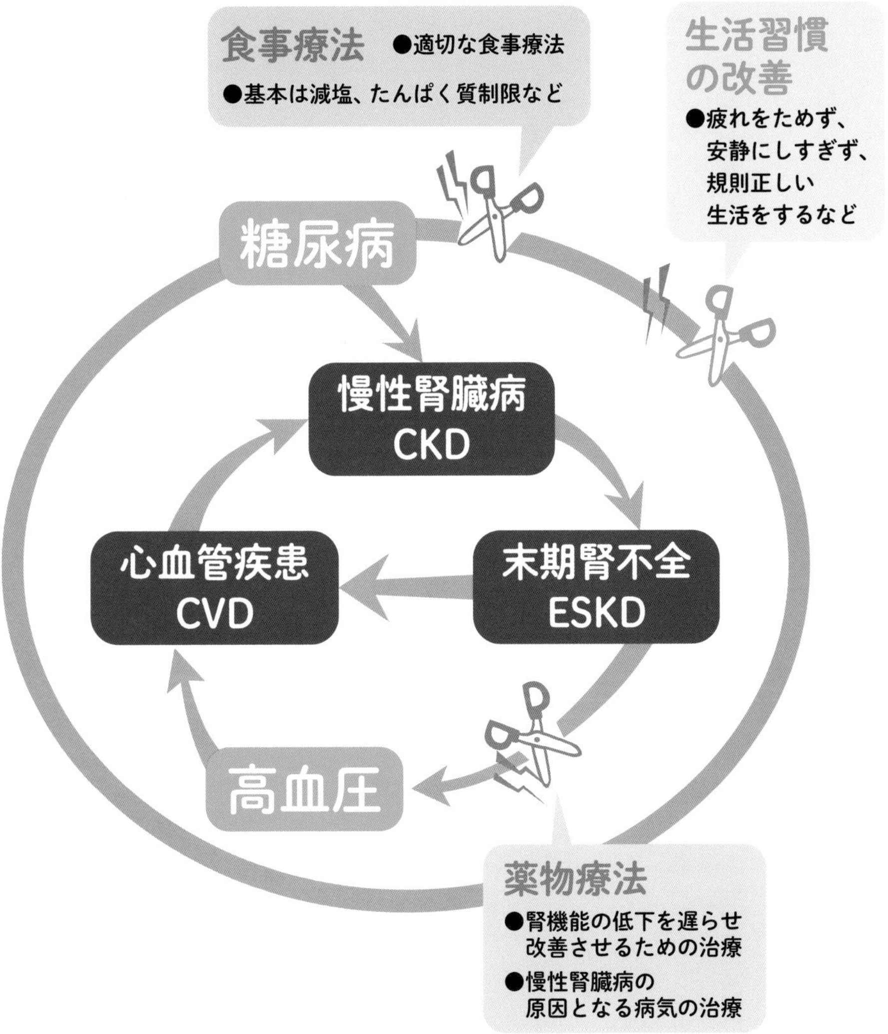


負のループを止めることで……

腎機能を保つ
ことができる

## 慢性腎臓病の薬物療法①
## 糖尿病の管理

糖尿病性腎症は、病気の進行段階により第１期（腎症前期）から第５期（透析療法期）に分類されており、病期により症状も治療も異なります。第３期（顕性腎症期）までは、厳格な血糖値管理（血糖コントロール）を行うことにより、慢性腎臓病の進行を抑えることができます。糖尿病性腎症の患者さんの血糖コントロールの目標値は、ヘモグロビンＡ１ｃで７・０％未満です。

**血糖コントロールは食事療法と運動療法が中心です。必要に応じて薬物療法を行います。**薬物療法の薬には、インスリン（注射薬）と経口血糖降下薬があります。血糖降下薬には、インスリンの分泌を促進させるグリニド薬、スルホニル尿素薬（ＳＵ薬）、ＤＰＰ－４阻害薬、ＧＬＰ－１アナログ（注射薬）、インスリンの効きをよくするチアゾリジン薬、ビグアナイド薬、糖の吸収を抑えるα－グルコシダーゼ阻害薬を必要に応じて使い分けます。近年発売された、ＳＧＬＴ２阻害薬は、尿細管からの糖の再吸収を抑える薬です。この薬には腎保護作用があるため、糖尿病以外の腎臓病でも使われることがあります。

**糖尿病性腎症の場合、血糖コントロールは腎機能低下と心血管疾患の発症を抑える効果が期待できます。**一方で、腎臓への負担や、血糖値が下がりすぎてしまう低血糖の危険もあります。**低血糖になると、心血管疾患のリスクが高くなり、認知症を発症する場合もあります。**医師は、患者さんの状態に合わせて薬を選択しています。

## 糖尿病性腎症の病期分類

| 病期 | 尿アルブミン値（mg/gCr）あるいは<br>尿タンパク値（g/gCr） | GFR(eGFR)<br>（mℓ/分/1.73㎡） |
| --- | --- | --- |
| 第1期<br>（腎症前期） | 正常アルブミン尿<br>（30未満） | 30以上 |
| 第2期<br>（早期腎症期） | 微量アルブミン尿<br>（30～299） | 30以上 |
| 第3期<br>（顕性腎症期） | 顕性アルブミン尿（300以上）<br>あるいは<br>持続性タンパク尿（0.5以上） | 30以上 |
| 第4期<br>（腎不全期） | 問わない | 30未満 |
| 第5期<br>（透析療法期） | 透析療法中 | |

一般社団法人日本糖尿病学会「糖尿病性腎症合同委員会報告『糖尿病性腎症病期分類の改訂について』」
（http://www.jds.or.jp/modules/important/index.php?content_id=46）

## 血糖値の管理目標

### 糖尿病治療

**目的**　厳格な血糖値管理により、早期腎症の発症・進展を抑制

**血糖値管理目標**　HbA1c　7.0％未満

※顕性腎症期以降での厳格な血糖値管理による腎症進展抑制の効果は明らかではない

「エビデンスに基づくCKD診療ガイドライン2013」

## 慢性腎臓病の薬物療法②
### 高血圧の管理

高血圧は、高血圧性腎硬化症の原因となるだけでなく、ほかの腎臓病を悪化させる原因にもなります。**腎臓は血圧を上昇させるホルモンを制御しているため、腎機能が低下すると、血圧は上昇しやすくなります。**このように、高血圧と腎臓病は相互に影響しているので、悪循環を起こさないようにするためにも、**高血圧の患者さんは降圧薬による血圧管理が大切です。**

降圧薬にはいろいろな種類があり、タンパク尿や糖尿病の有無に応じて使い分けられます。タンパク尿がなく、糖尿病も合併していない場合は、レニン-アンジオテンシン系（RAS）阻害薬や、カルシウム（Ca）拮抗薬、利尿薬などを使って、血圧を140／90㎜Hg未満になるようにコントロールします。

タンパク尿がある場合、または糖尿病を合併している場合は、RAS阻害薬を使って血圧を130／80㎜Hg未満となるようにコントロールします。どちらにも使われるRAS阻害薬には主としてアンジオテンシン変換酵素阻害薬（ACEI）やアンジオテンシンII AT1受容体拮抗薬（ARB）、ミネラルコルチコイド受容体拮抗薬（MRB）があり、腎臓の負担を減らし、腎機能の低下を抑える働きがあります。ミネラルコルチコイドは、副腎から分泌されるホルモンです。

腎機能が低下すると、体内に塩分や水分が溜り、尿が出なくなり、むくみが起こりやすくなります。その場合は利尿薬を使い、体内の水分を減らして血圧を下げる効果を期待します。

## 降圧目標

### 高血圧治療

**糖尿病合併CKD**

降圧目標（診察室血圧）
130/80㎜Hg未満

**糖尿病非合併CKD**

降圧目標（診察室血圧）
140/90㎜Hg未満

アルブミン尿・
タンパク尿（軽度以上）が
みられる場合

↓

降圧目標（診察室血圧）
130/80㎜Hg未満

「エビデンスに基づくCKD診療ガイドライン2013」

**生活習慣の改善も腎臓病の**
**高血圧治療には大切です**

- 塩分制限
- 減量
- 禁煙　など

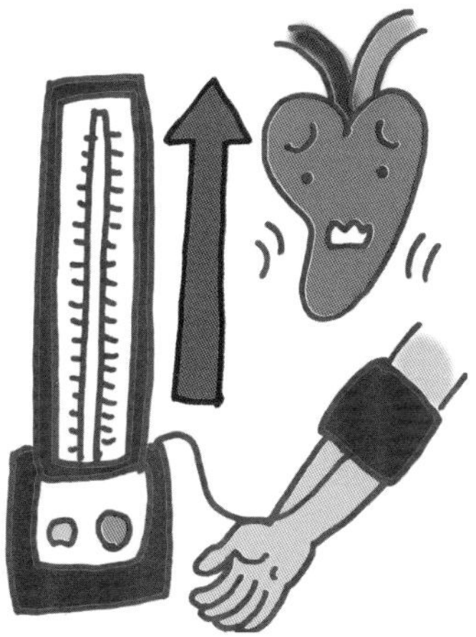

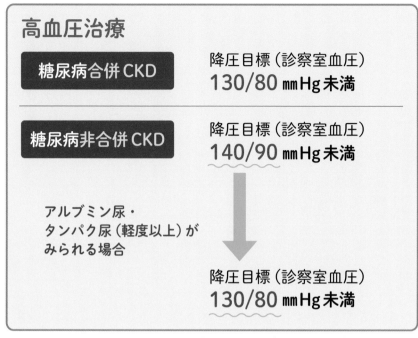

## 慢性腎臓病の薬物療法③
## 脂質異常症の治療

脂質異常症は、血液中のＬＤＬコレステロールや中性脂肪が多すぎる、あるいはＨＤＬコレステロールが少なすぎる状態のことで、動脈硬化の原因になります。動脈硬化は腎臓を傷つけ、慢性腎臓病を引き起こす原因になります。高血圧と同じように、腎機能の低下が動脈硬化を進行させる原因にもなります。動脈硬化が進行すると心血管疾患のリスクが高くなるので、脂質異常症は**早期治療がとても大切**です。

慢性腎臓病でコレステロール値が高い場合は、コレステロールの合成を阻害するスタチン系薬や、コレステロールの吸収を抑えるエゼチミブという薬が、腎臓に負担をかけず安全な薬として使われます。スタチン系薬は、動脈効果を抑え、腎機能障害の進行を抑える効果もあります。ほかにフィブラート系薬という中性脂肪を下げる薬がありますが、これまでは、腎臓に負担がかかるため慢性腎臓病の患者さんには使われませんでした。しかし最近では、使用できる薬が登場しています。

慢性腎臓病の患者さんのＬＤＬコレステロールの管理目標値は、１２０㎎／dℓ未満（可能であれば１００㎎／dℓ未満）とされています。脂質異常症だけでなく、高血圧や糖尿病などの生活習慣病が複合したメタボリックシンドロームの状態になると、さらに腎臓病のリスクは高くなります。生活習慣病を予防、改善するためにも、まずは食事や運動、禁煙など日常生活の改善に努め、**メタボリックシンドロームを予防することが大切**です。

## メタボリックシンドロームとは？

内臓脂肪型肥満に加え、高血糖、高血圧、脂質異常のうちいずれか2つ以上をあわせ持った状態を、メタボリックシンドローム（内臓脂肪症候群）といいます。

### メタボリックシンドロームの診断基準

❶に加え、❷から❹のうち2つ以上の項目が当てはまるとメタボリックシンドロームと診断されます。

**❶ 内臓脂肪の蓄積**

腹囲（へそ周り）

☐ 男性 85㎝以上　　女性 90㎝以上

＋

**❷ 脂質異常**

☐ 中性脂肪 150㎎/dℓ以上

☐ HDLコレステロール 40㎎/dℓ未満

のいずれかまたは両方

**❸ 高血圧**

☐ 最大（収縮期）血圧 130㎜Hg以上

☐ 最小（拡張期）血圧 85㎜Hg以上

のいずれかまたは両方

**❹ 高血糖**

☐ 空腹時血糖 110㎎/dℓ以上

## 慢性腎臓病の薬物療法④
## 合併症の治療

慢性腎臓病が進行して合併症が起きた場合は、その治療を行います。

### ●腎性貧血の治療

腎性貧血は本来、腎臓でつくられるエリスロポエチンという赤血球をつくるホルモンが、腎機能低下でつくられなくなることが原因で起こります。治療には、赤血球の増殖を促す赤血球造血刺激因子製剤（ＥＳＡ）というエリスロポエチンに構造が似た薬が使われます。また、赤血球の原料の鉄剤が使われることもあります。

### ●骨・ミネラル代謝異常の治療

骨・ミネラル代謝異常は、骨をつくるリン、カルシウムなどのミネラルの濃度が異常になる状態です。ＣＫＤ重症度分類のＧＦＲ区分G3から異常が出やすくなるため、定期的な検査を行い、異常値が出たら基準値におさまるように薬物治療を行います。ビタミンＤ製剤、リン吸着薬、Ca受容体作動薬などが使われます。

### ●尿毒症の治療

腎機能が低下すると体内に老廃物がたまることで食欲不振、頭痛など、さまざまな症状が起こります。これを軽減するためには慢性腎臓病の治療に加えて、球形吸着炭という腸内の有害物質を吸着する薬が使われます。

### ●電解質異常の治療

カリウムは筋肉の収縮にかかわっているため、カリウムを出せずに体内に蓄積することで高カリウム血症が生じ、重症な場合は死に至ります。蓄積が疑われたらカリウム吸着薬が使われます。

## 慢性腎臓病の合併症と薬物治療

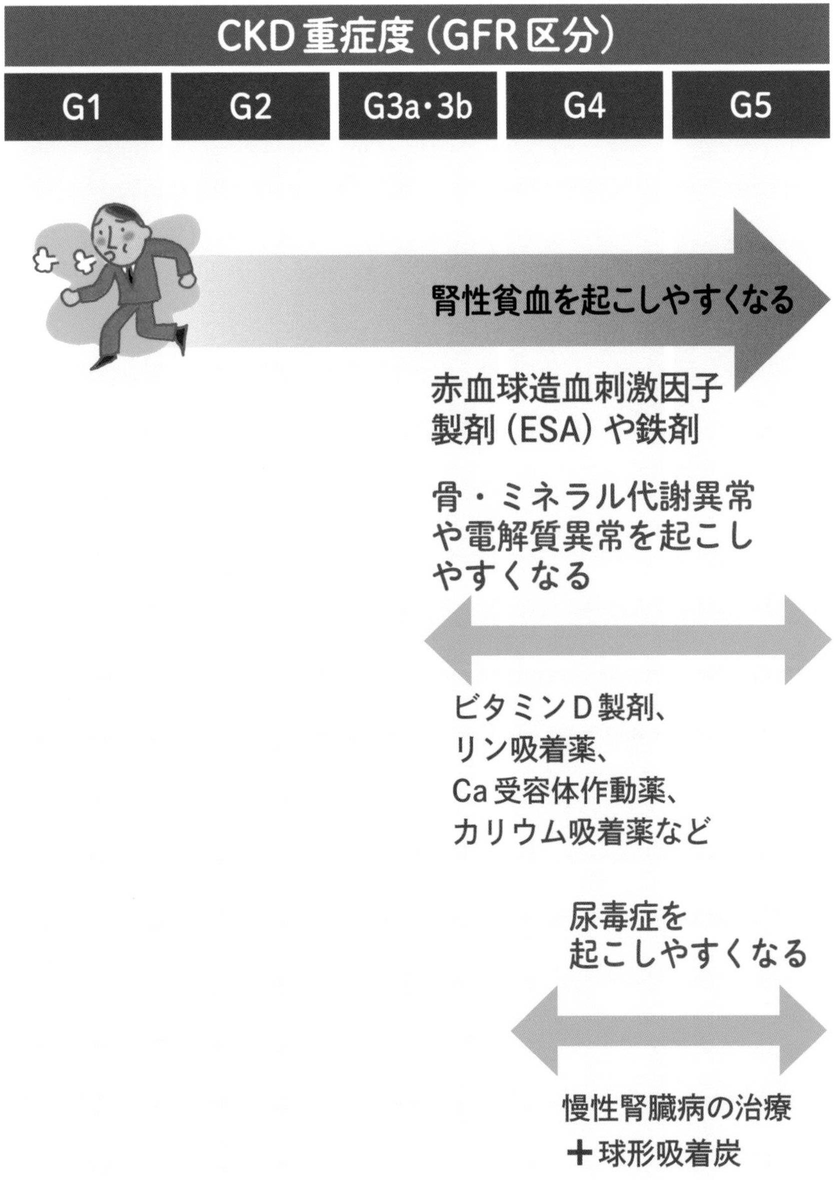
CKD重症度（GFR区分）
G1
G2
G3a・3b
G4
G5
腎性貧血を起こしやすくなる
赤血球造血刺激因子製剤（ESA）や鉄剤
骨・ミネラル代謝異常や電解質異常を起こしやすくなる
ビタミンD製剤、
リン吸着薬、
Ca受容体作動薬、
カリウム吸着薬など
尿毒症を起こしやすくなる
慢性腎臓病の治療
＋球形吸着炭

## 腎臓病の進行を見逃さない 自宅でできる健康管理

腎臓病の進行を防ぐためには、日頃から自分の体の状態を把握しておくことが大切です。

**●体重測定**

毎日、**体重計で体重をはかること**は大切です。腎臓病では、肥満が血圧上昇の原因にもなるためです。身長から標準体重を計算して、運動や食事で標準体重をめざしましょう。

**●血圧測定**

腎臓病と高血圧は相互に影響を及ぼして病気を悪化させるので、**血圧の変化を記録すること**は腎機能を保つために大切です。家庭で測定できる血圧計があるとよいでしょう。朝起きたときと寝る前の1日2回、血圧をはかる習慣をつければ体の状態を知ることができます。

**●尿チェック**

腎臓病の尿検査の中で、尿タンパク検査、血**尿の検査、糖尿病の尿糖の検査**は、市販の試験薬を用いて行うことができます。気になる人は検査しましょう。

**●血糖自己測定**

糖尿病性腎症では**血糖コントロール**が重要です。血糖自己測定といって自宅で血糖値を測定できる機器があり、インスリン治療をしている患者さんは保険適用で測定器を購入できます。それ以外の人は、保険適用外ですが購入することができます。

健康チェックを毎日行うことは面倒に感じるかもしれません。朝起きたとき、就寝前など、時間を決めて習慣にすることで続けやすくなります。

## 自宅で測定して記録する

**家庭でも簡単にできる腎臓病のチェックは、体重測定、血圧測定、血糖測定、尿チェックです。体重測定、血圧測定は薬局や病院で行えるところもあります。**

### 体重測定

肥満の人は標準体重を目標にダイエットをしましょう。

**標準体重（kg）＝身長（m）×身長（m）×22**

### 血圧測定

**測定のタイミング**

**基本は起床時と就寝時の1日2回測定**

**目標血圧は130/80㎜Hg未満**

**家庭血圧125/75㎜Hg未満**

### 血糖測定

**血糖値の目標**

| | |
|---|---|
| 空腹時血糖値 | 110mg/dℓ |
| 食後2時間血糖値 | 140mg/dℓ未満 |

血糖値は食事のタイミングで
日内変動します

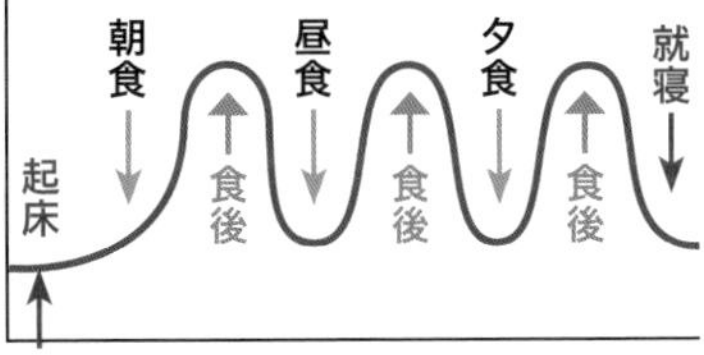

血糖値は日内変動があり、食後上昇し、空腹時に下がります。

### 尿チェック

紙コップなどに尿をとり試験紙の先端をひたして色の変化でチェックします。

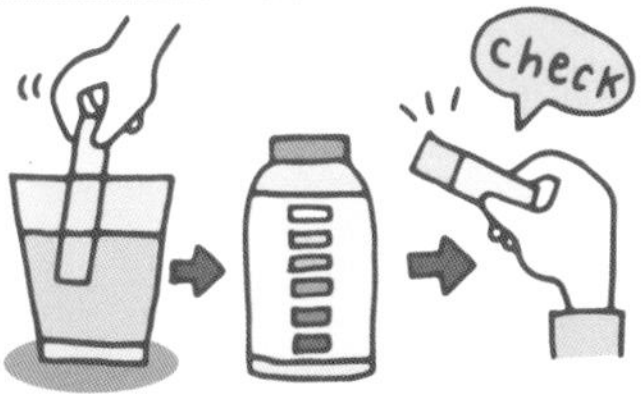

## 末期腎不全になった場合の透析療法

慢性腎臓病が進行して末期腎不全になると、薬物療法だけでは対処できなくなります。通常、腎機能が10％以下程度に低下した場合は、腎代替療法が必要になりますが、尿毒症の症状が抑えられない場合や、高カリウム血症、心不全が薬でコントロールできない場合は、時期を早める必要があります。腎代替療法は、自分の腎臓では体の機能を維持できなくなったときに、腎臓のかわりをする治療で、透析療法と腎移植があります。

透析療法とは、腎臓が行っていた老廃物の除去や水・電解質の調節を腎臓以外で行う治療法で血液透析と、腹膜透析という方法があります。

血液透析は、ダイアライザーという筒状の器具に血液を通して、きれいになった血液を体内に戻す治療法です。ダイアライザーは、血液から老廃物や余分な水分などを除去する装置です。大量の血液を体外にとり出す必要があるため、腕にシャントという、動脈と静脈をつないで太い血管をつくる手術を行います。

通常、1回の透析に3～5時間かかり、週3回程度の通院が必要です。血液透析は腎機能を失った人でも十分、尿毒素を除去することができます。治療は医療スタッフが行うので透析中はテレビを見ることもでき、透析中以外は自由行動が可能です。一方、通院回数が多く、一回の透析時間が長い、血管に針を刺すのが痛い、透析終了後に疲労感があるなどの短所もあります。また、カリウムやリン制限など厳格な食事管理、塩分と水分の制限が必要になります。

## 血液透析

・1回の透析（3～5時間）
・週に3回程度の通院

### 透析器（ダイアライザー）のしくみ

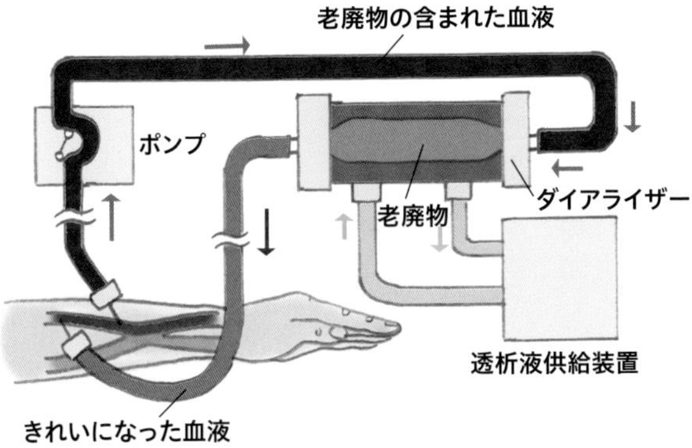


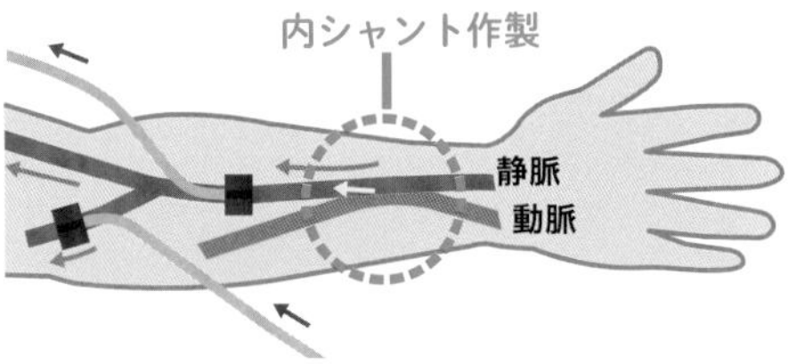


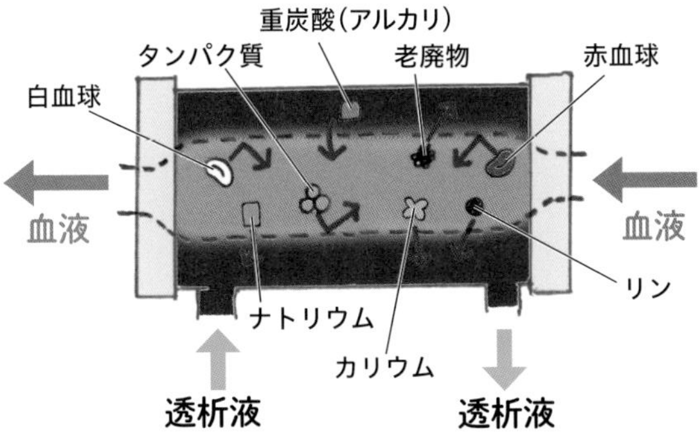

## 日本では少ない 腹膜透析という方法

日本では、透析療法を導入している患者さんのほとんどが血液透析を選びますが、腹膜透析という方法もあります。腹膜は、文字どおりおなかの中にある膜で、胃や腸、肝臓などの内臓の表面を広くおおっています。腹膜には毛細血管が多いため、腹膜の中にカテーテルを通して透析液を入れておくと、血液中の余分な水分や食塩、老廃物が腹膜でろ過されて、老廃物や水分などが透析液にたまります。それを排出して新しい透析液と交換します。

これをくり返すことで連続して透析を行います。日中に行う場合は、1日3～4回、1回の交換にかかる時間は30分程度です。器械を用いて就寝中に行う場合は、1回8～10時間をかけて行います。いずれも自身で行うので通院は月1回程度になります。

時間をかけてゆっくり毒素をとり除くため、身体にかかる負担が少なく、治療中に痛みや不快感はほとんどありません。

腹膜透析は自宅で行うことができるので、生活スタイルに合わせて透析ができる、通院回数が少なくてすむ、腎機能が保たれやすいというメリットがあります。一方で、自分で透析液の交換やカテーテルのケアを行うなどの手間がかかります。

腹膜透析から血液透析に変更する、血液透析から腹膜透析に変更する、あるいは併用することもできます。腹膜透析を続けていると腹膜に負担がかかるため、行えるのは5～10年前後、その後は血液透析に変更する必要があります。

## 腹膜透析

### 毎日自分で透析を行う

- **透析液の交換**　通常1日3～4回患者自身で
- **1回の交換時間**　約30分

### 透析液の交換

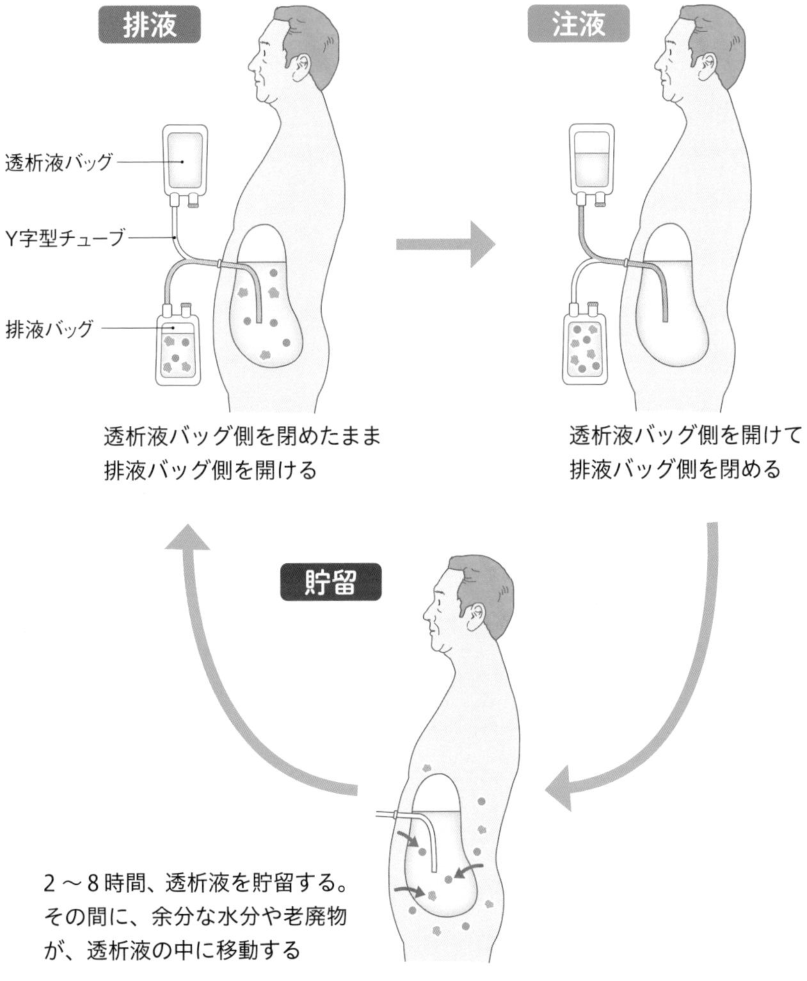
排液
透析液バッグ
Y字型チューブ
排液バッグ
透析液バッグ側を閉めたまま
排液バッグ側を開ける
注液
透析液バッグ側を開けて
排液バッグ側を閉める
貯留
2～8時間、透析液を貯留する。
その間に、余分な水分や老廃物
が、透析液の中に移動する

# 透析以外のもうひとつの選択肢は腎移植

腎代替療法のもうひとつの選択肢に腎移植があります。腎移植には生存している家族や血縁者から腎臓を提供してもらう生体腎移植、死亡した人から腎臓を提供してもらう献腎移植がありますが、日本では生体腎移植がほとんどです。**腎移植後は移植した腎臓を自分の免疫力で排除しようとする拒絶反応が起こるため、免疫抑制薬を服用する必要があります。**移植をしても数年後に腎機能が低下することは少なくありませんが、近年、優れた免疫抑制薬の登場により、移植した腎臓を長くもたせられるようになりました。せっかく移植した腎臓を大切に、日常生活に気をつけて過ごすようにしましょう。

## 腎移植

**自分以外の人から提供された健康な腎臓を移植する**

**生体腎移植** 日本のほとんどの施設は親族・姻族に限定している

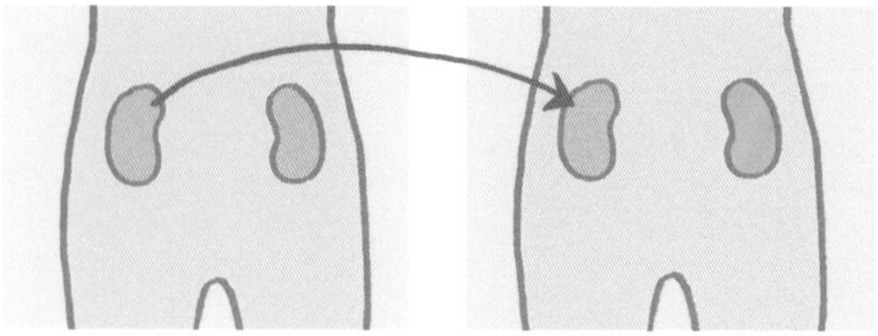

親族から腎臓を提供してもらう生体腎移植の場合、ドナーが認められているのは6親等以内の血族と3親等以内の姻族。血液型が違っていても提供を受けることができる。

**献腎移植** 脳死や心臓死に至った人

日本では提供される腎臓が常に不足

日常よく使う
食材の栄養が
ひと目でわかる

# 食材栄養データ

### あじ

中１尾150g（正味68g）

| | | | |
|---|---|---|---|
| エネルギー | 76 kcal | カリウム | 245 mg |
| たんぱく質 | 13.4 g | リン | 156 mg |
| 食塩相当量 | 0.2 g | 水分 | 51.1 g |

**正味量**

実際に食べる量で、全体量から廃棄分（魚や肉の骨、卵の殻など、捨てる分）の重量を引いた量です。

**めやす量**

卵１個、魚１尾、納豆１パックなど、日常よく使われる単位であらわした量です。廃棄分（魚や肉の骨、卵の殻など、捨てる分）がある場合は、その重量も含みます。

**栄養価**

エネルギー、たんぱく質、食塩相当量、カリウム、リン、水分を表示。

## ご飯（玄米） 茶碗1杯 180g

| | | | |
|---|---|---|---|
| エネルギー | 274kcal | カリウム | 171mg |
| たんぱく質 | 5.0g | リン | 234mg |
| 食塩相当量 | 0g | 水分 | 108g |

## ご飯（精白米） 茶碗1杯 180g

| | | | |
|---|---|---|---|
| エネルギー | 281kcal | カリウム | 52mg |
| たんぱく質 | 4.5g | リン | 61mg |
| 食塩相当量 | 0g | 水分 | 108g |

## ご飯（雑穀入り） 茶碗1杯 180g

精白米の3割程度の
雑穀（8種）を加えたもの

| | | | |
|---|---|---|---|
| エネルギー | 290kcal | カリウム | 99mg |
| たんぱく質 | 5.6g | リン | 103mg |
| 食塩相当量 | 0g | 水分 | 108.7g |

## ご飯（押し麦入り） 茶碗1杯 180g

精白米の2割程度の
押し麦を加えたもの

| | | | |
|---|---|---|---|
| エネルギー | 290kcal | カリウム | 94mg |
| たんぱく質 | 5.9g | リン | 92mg |
| 食塩相当量 | 0g | 水分 | 109.3g |

## バターロール 小1個 30g

| | | | |
|---|---|---|---|
| エネルギー | 93kcal | カリウム | 33mg |
| たんぱく質 | 3.0g | リン | 29mg |
| 食塩相当量 | 0.4g | 水分 | 9.2g |

## 食パン 6枚切り 1枚 60g

| | | | |
|---|---|---|---|
| エネルギー | 149kcal | カリウム | 52mg |
| たんぱく質 | 5.3g | リン | 40mg |
| 食塩相当量 | 0.7g | 水分 | 23.5g |

## クロワッサン 1個 40g

| | | | |
|---|---|---|---|
| エネルギー | 175 ㎉ | カリウム | 36 mg |
| たんぱく質 | 3.2 g | リン | 27 mg |
| 食塩相当量 | 0.5 g | 水分 | 8.0 g |

## フランスパン 1切れ（厚さ4㎝）30g

| | | | |
|---|---|---|---|
| エネルギー | 87 ㎉ | カリウム | 33 mg |
| たんぱく質 | 2.8 g | リン | 22 mg |
| 食塩相当量 | 0.5 g | 水分 | 9.0 g |

## そば（ゆで） 260g

そば（乾燥）
100gをゆでてためやす量

| | | | |
|---|---|---|---|
| エネルギー | 294 ㎉ | カリウム | 34 mg |
| たんぱく質 | 12.5 g | リン | 187 mg |
| 食塩相当量 | 0.3 g | 水分 | 187.2 g |

## うどん（ゆで） 240g

うどん（乾燥）
100gをゆでてためやす量

| | | | |
|---|---|---|---|
| エネルギー | 281 ㎉ | カリウム | 34 mg |
| たんぱく質 | 7.4 g | リン | 58 mg |
| 食塩相当量 | 1.2 g | 水分 | 168.0 g |

## スパゲッティ（ゆで） 1食分176g

スパゲッティ（乾燥）
80gをゆで汁に塩を加えずにゆでてためやす量

| | | | |
|---|---|---|---|
| エネルギー | 264 ㎉ | カリウム | 25 mg |
| たんぱく質 | 10.2 g | リン | 93 mg |
| 食塩相当量 | 0 g | 水分 | 105.6 g |

## 中華めん（蒸し） 1玉 150g

| | | | |
|---|---|---|---|
| エネルギー | 243 ㎉ | カリウム | 120 mg |
| たんぱく質 | 7.4 g | リン | 60 mg |
| 食塩相当量 | 0.5 g | 水分 | 86.1 g |

## 牛バラ（カルビ）
薄切り 1枚 25g

| | | | |
|---|---|---|---|
| エネルギー | 95 kcal | カリウム | 48 mg |
| たんぱく質 | 3.2 g | リン | 28 mg |
| 食塩相当量 | 微 | 水分 | 11.9 g |

## 牛肩ロース（脂身つき）
薄切り1枚 20g

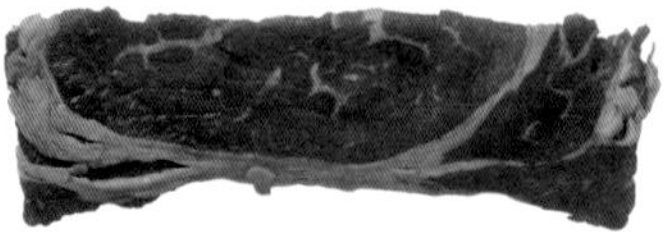

| | | | |
|---|---|---|---|
| エネルギー | 59 kcal | カリウム | 52 mg |
| たんぱく質 | 3.2 g | リン | 28 mg |
| 食塩相当量 | 微 | 水分 | 11.3 g |

## 豚もも（脂身つき）
薄切り 1 枚 20g

| | | | |
|---|---|---|---|
| エネルギー | 34 kcal | カリウム | 106 mg |
| たんぱく質 | 4.1 g | リン | 40 mg |
| 食塩相当量 | 微 | 水分 | 13.6 g |

## 豚肩ロース（脂身つき）
薄切り 1 枚 20g

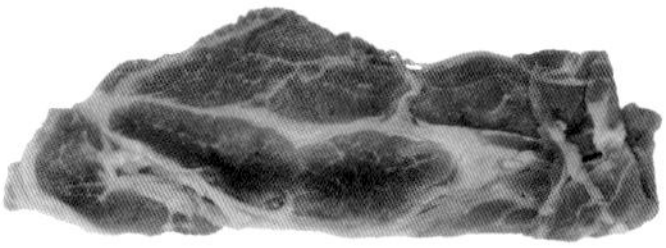

| | | | |
|---|---|---|---|
| エネルギー | 47 kcal | カリウム | 60 mg |
| たんぱく質 | 3.7 g | リン | 32 mg |
| 食塩相当量 | 微 | 水分 | 12.5 g |

## 豚ひき肉
50g

| | | | |
|---|---|---|---|
| エネルギー | 105 kcal | カリウム | 145 mg |
| たんぱく質 | 8.9 g | リン | 60 mg |
| 食塩相当量 | 0.1 g | 水分 | 32.4 g |

## 豚バラ
薄切り1枚 20g

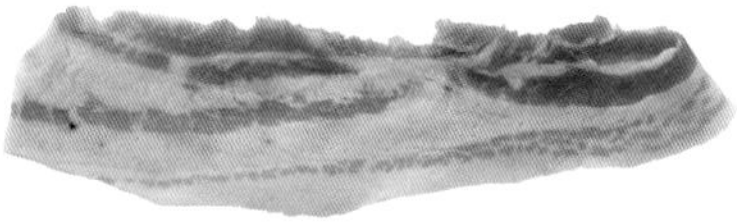

| | | | |
|---|---|---|---|
| エネルギー | 73 kcal | カリウム | 48 mg |
| たんぱく質 | 2.9 g | リン | 26 mg |
| 食塩相当量 | 微 | 水分 | 9.9 g |

## 鶏胸肉（皮つき）

1/4枚 50g

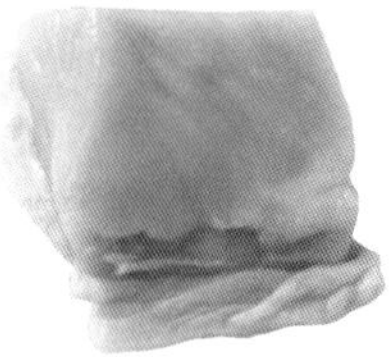

| | | | |
|---|---|---|---|
| エネルギー | 67 kcal | カリウム | 170 mg |
| たんぱく質 | 10.7 g | リン | 100 mg |
| 食塩相当量 | 0.1 g | 水分 | 36.3 g |

## 鶏もも肉（皮つき）

1/5枚 50g

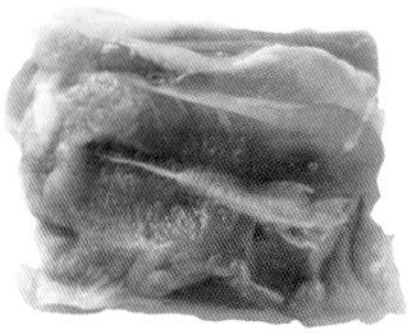

| | | | |
|---|---|---|---|
| エネルギー | 95 kcal | カリウム | 145 mg |
| たんぱく質 | 8.3 g | リン | 85 mg |
| 食塩相当量 | 0.1 g | 水分 | 34.3 g |

## 鶏ささ身

1本 40g（正味38g）

| | | | |
|---|---|---|---|
| エネルギー | 37 kcal | カリウム | 156 mg |
| たんぱく質 | 9.1 g | リン | 91 mg |
| 食塩相当量 | 微 | 水分 | 28.5 g |

## 鶏手羽元

1本 60g（正味42g）

| | | | |
|---|---|---|---|
| エネルギー | 74 kcal | カリウム | 97 mg |
| たんぱく質 | 7.6 g | リン | 63 mg |
| 食塩相当量 | 0.1 g | 水分 | 28.9 g |

## ウインナソーセージ

1本 20g

| | | | |
|---|---|---|---|
| エネルギー | 64 kcal | カリウム | 36 mg |
| たんぱく質 | 2.3 g | リン | 40 mg |
| 食塩相当量 | 0.4 g | 水分 | 10.5 g |

## ロースハム

1枚 20g

| | | | |
|---|---|---|---|
| エネルギー | 42 kcal | カリウム | 58 mg |
| たんぱく質 | 3.7 g | リン | 56 mg |
| 食塩相当量 | 0.5 g | 水分 | 12.2 g |

## いわし（まいわし）
中１尾 100g（正味 40g）

| | | | |
|---|---|---|---|
| エネルギー | 62 kcal | カリウム | 108 mg |
| たんぱく質 | 7.7 g | リン | 92 mg |
| 食塩相当量 | 0.1 g | 水分 | 27.6 g |

## あじ
中１尾 150g（正味 68g）

| | | | |
|---|---|---|---|
| エネルギー | 76 kcal | カリウム | 245 mg |
| たんぱく質 | 13.4 g | リン | 156 mg |
| 食塩相当量 | 0.2 g | 水分 | 51.1 g |

## さば
1切れ 120g

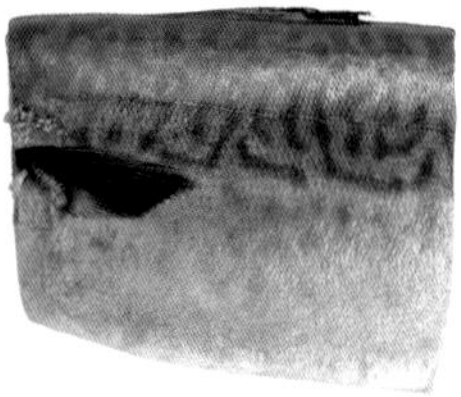

| | | | |
|---|---|---|---|
| エネルギー | 253 kcal | カリウム | 396 mg |
| たんぱく質 | 24.7 g | リン | 264 mg |
| 食塩相当量 | 0.4 g | 水分 | 74.5 g |

## さんま
１尾 150g（正味 98g）

| | | | |
|---|---|---|---|
| エネルギー | 281 kcal | カリウム | 196 mg |
| たんぱく質 | 17.7 g | リン | 176 mg |
| 食塩相当量 | 0.4 g | 水分 | 54.5 g |

## ぶり
1切れ 80g

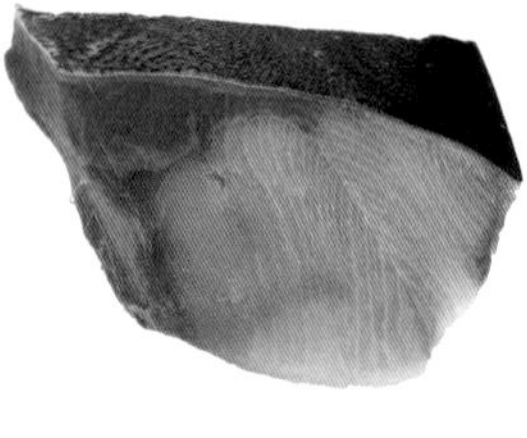

| | | | |
|---|---|---|---|
| エネルギー | 178 kcal | カリウム | 304 mg |
| たんぱく質 | 17.1 g | リン | 104 mg |
| 食塩相当量 | 0.1 g | 水分 | 47.7 g |

## かつお（刺し身用）
3切れ 60g

秋獲りのもの。
春獲りのものより脂が多め

| | | | |
|---|---|---|---|
| エネルギー | 90 kcal | カリウム | 228 mg |
| たんぱく質 | 15.0 g | リン | 156 mg |
| 食塩相当量 | 0.1 g | 水分 | 40.4 g |

## たら

1切れ 80g

| | | | |
|---|---|---|---|
| エネルギー | 58 kcal | カリウム | 280 mg |
| たんぱく質 | 14.1 g | リン | 184 mg |
| 食塩相当量 | 0.2 g | 水分 | 64.7 g |

## 鮭

1切れ 80g

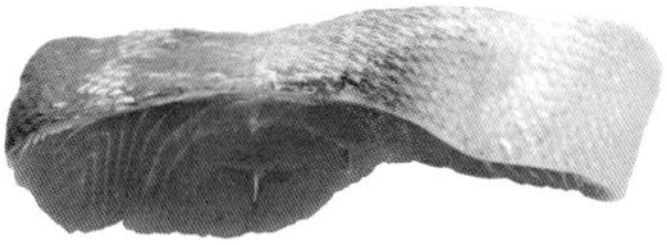

成分値はしろさけのもの

| | | | |
|---|---|---|---|
| エネルギー | 99 kcal | カリウム | 280 mg |
| たんぱく質 | 17.8 g | リン | 192 mg |
| 食塩相当量 | 0.2 g | 水分 | 57.8 g |

## ブラックタイガー

1 尾 40g（正味 18g）

| | | | |
|---|---|---|---|
| エネルギー | 14 kcal | カリウム | 41 mg |
| たんぱく質 | 3.3 g | リン | 38 mg |
| 食塩相当量 | 0.1 g | 水分 | 14.4 g |

## まぐろ・赤身（刺し身用）

3切れ50g

成分値は
きはだまぐろのもの

| | | | |
|---|---|---|---|
| エネルギー | 51 kcal | カリウム | 225 mg |
| たんぱく質 | 12.2 g | リン | 145 mg |
| 食塩相当量 | 0.1 g | 水分 | 37.0 g |

## たこ（ゆで）

足 1 本 150g

| | | | |
|---|---|---|---|
| エネルギー | 137 kcal | カリウム | 360 mg |
| たんぱく質 | 32.6 g | リン | 180 mg |
| 食塩相当量 | 0.9 g | 水分 | 114.3 g |

## するめいか（胴・皮なし）

1/4 ぱい分 40g

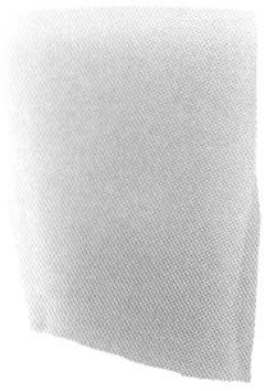

| | | | |
|---|---|---|---|
| エネルギー | 30 kcal | カリウム | 120 mg |
| たんぱく質 | 7.2 g | リン | 100 mg |
| 食塩相当量 | 0.2 g | 水分 | 32.1 g |

## 納豆 1パック 50g

| | | | |
|---|---|---|---|
| エネルギー | 95 kcal | カリウム | 330 mg |
| たんぱく質 | 8.3 g | リン | 95 mg |
| 食塩相当量 | 0 g | 水分 | 29.8 g |

## 大豆（ゆで） 20g

| | | | |
|---|---|---|---|
| エネルギー | 33 kcal | カリウム | 106 mg |
| たんぱく質 | 3.0 g | リン | 38 mg |
| 食塩相当量 | 0 g | 水分 | 13.1 g |

## 焼き豆腐 1/3丁 100g

| | | | |
|---|---|---|---|
| エネルギー | 82 kcal | カリウム | 90 mg |
| たんぱく質 | 7.8 g | リン | 110 mg |
| 食塩相当量 | 0 g | 水分 | 84.8 g |

## 絹ごし豆腐 1/3丁 100g

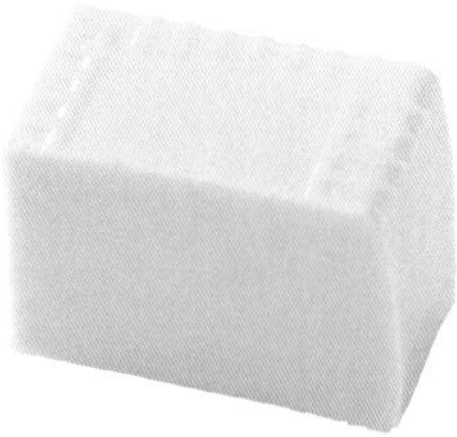

| | | | |
|---|---|---|---|
| エネルギー | 56 kcal | カリウム | 150 mg |
| たんぱく質 | 5.3 g | リン | 68 mg |
| 食塩相当量 | 微 | 水分 | 88.5 g |

## 油揚げ 1/2枚 10g

| | | | |
|---|---|---|---|
| エネルギー | 38 kcal | カリウム | 9 mg |
| たんぱく質 | 2.3 g | リン | 35 mg |
| 食塩相当量 | 0 g | 水分 | 4.0 g |

## 厚揚げ 1/3枚 50g

| | | | |
|---|---|---|---|
| エネルギー | 72 kcal | カリウム | 60 mg |
| たんぱく質 | 5.4 g | リン | 75 mg |
| 食塩相当量 | 0 g | 水分 | 38.0 g |

## うずら卵 1個 10g
（正味 9g）

| | | | |
|---|---|---|---|
| エネルギー | 14 kcal | カリウム | 14 mg |
| たんぱく質 | 1.1 g | リン | 20 mg |
| 食塩相当量 | 微 | 水分 | 6.6 g |

## 鶏卵 Mサイズ1個 60g
（正味 51g）

| | | | |
|---|---|---|---|
| エネルギー | 72 kcal | カリウム | 66 mg |
| たんぱく質 | 6.2 g | リン | 87 mg |
| 食塩相当量 | 0.2 g | 水分 | 38.3 g |

## プレーンヨーグルト
100g

| | | | |
|---|---|---|---|
| エネルギー | 56 kcal | カリウム | 170 mg |
| たんぱく質 | 3.6 g | リン | 100 mg |
| 食塩相当量 | 0.1 g | 水分 | 87.7 g |

## 牛乳（普通）
コップ1杯（200mℓ）210g

| | | | |
|---|---|---|---|
| エネルギー | 128 kcal | カリウム | 315 mg |
| たんぱく質 | 6.9 g | リン | 195 mg |
| 食塩相当量 | 0.2 g | 水分 | 183.5 g |

## パルメザンチーズ
大さじ1杯 8g

| | | | |
|---|---|---|---|
| エネルギー | 36 kcal | カリウム | 10 mg |
| たんぱく質 | 3.5 g | リン | 68 mg |
| 食塩相当量 | 0.3 g | 水分 | 1.2 g |

## プロセスチーズ
スライスタイプ1枚 19g

| | | | |
|---|---|---|---|
| エネルギー | 59 kcal | カリウム | 11 mg |
| たんぱく質 | 4.3 g | リン | 139 mg |
| 食塩相当量 | 0.5 g | 水分 | 8.6 g |

## 小松菜 1株 50g
（正味43g）

| | | | |
|---|---|---|---|
| エネルギー | 6 kcal | カリウム | 215 mg |
| たんぱく質 | 0.6 g | リン | 19 mg |
| 食塩相当量 | 0 g | 水分 | 40.5 g |

## ほうれんそう 1株 30g
（正味27g）

| | | | |
|---|---|---|---|
| エネルギー | 5 kcal | カリウム | 186 mg |
| たんぱく質 | 0.6 g | リン | 13 mg |
| 食塩相当量 | 0 g | 水分 | 24.9 g |

## にんじん 中 1 本 200g
（正味 180g）

| | | | |
|---|---|---|---|
| エネルギー | 54 kcal | カリウム | 486 mg |
| たんぱく質 | 1.4 g | リン | 45 mg |
| 食塩相当量 | 0.2 g | 水分 | 161.5 g |

## トマト 中 1 個 150g
（正味 146g）

| | | | |
|---|---|---|---|
| エネルギー | 29 kcal | カリウム | 307 mg |
| たんぱく質 | 1.0 g | リン | 38 mg |
| 食塩相当量 | 0 g | 水分 | 137.2 g |

## ピーマン 中1個 40g
（正味34g）

| | | | |
|---|---|---|---|
| エネルギー | 7 kcal | カリウム | 65 mg |
| たんぱく質 | 0.3 g | リン | 7 mg |
| 食塩相当量 | 0 g | 水分 | 31.8 g |

## ブロッコリー 3 房 50g

| | | | |
|---|---|---|---|
| エネルギー | 19 kcal | カリウム | 230 mg |
| たんぱく質 | 2.7 g | リン | 55 mg |
| 食塩相当量 | 微 | 水分 | 43.1 g |

## 枝豆（ゆで）
10 さや 30g（正味 15g）

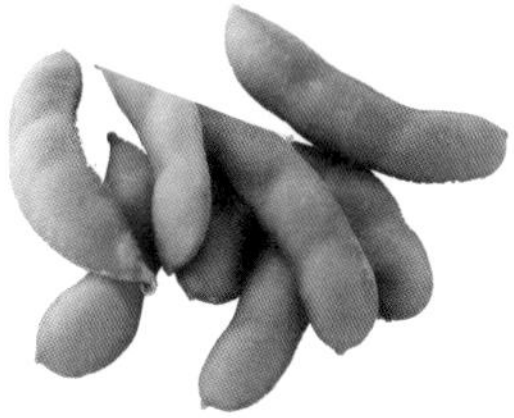

| | | | |
|---|---|---|---|
| エネルギー | 18 kcal | カリウム | 74 mg |
| たんぱく質 | 1.7 g | リン | 26 mg |
| 食塩相当量 | 0 g | 水分 | 10.8 g |

## かぼちゃ
4cm角 2 切れ 67g（正味 60g）

| | | | |
|---|---|---|---|
| エネルギー | 47 kcal | カリウム | 270 mg |
| たんぱく質 | 1.1 g | リン | 26 mg |
| 食塩相当量 | 0 g | 水分 | 45.7 g |

## きゅうり 1 本 100g
（正味 98g）

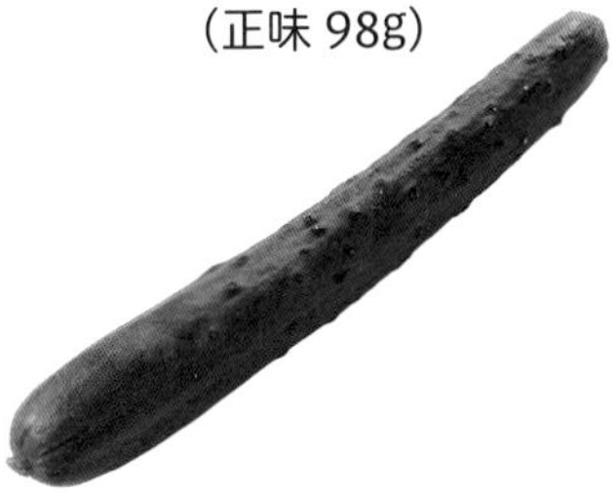

| | | | |
|---|---|---|---|
| エネルギー | 13 kcal | カリウム | 196 mg |
| たんぱく質 | 1.0 g | リン | 35 mg |
| 食塩相当量 | 0 g | 水分 | 93.5 g |

## キャベツ 1枚 100g

| | | | |
|---|---|---|---|
| エネルギー | 21 kcal | カリウム | 200 mg |
| たんぱく質 | 1.3 g | リン | 27 mg |
| 食塩相当量 | 0 g | 水分 | 92.7 g |

## なす 中 1 個 80g
（正味 72g）

| | | | |
|---|---|---|---|
| エネルギー | 13 kcal | カリウム | 158 mg |
| たんぱく質 | 0.8 g | リン | 22 mg |
| 食塩相当量 | 0 g | 水分 | 67.1 g |

## 玉ねぎ 1 個 200g
（正味 188g）

| | | | |
|---|---|---|---|
| エネルギー | 62 kcal | カリウム | 282 mg |
| たんぱく質 | 1.9 g | リン | 58 mg |
| 食塩相当量 | 0 g | 水分 | 169.4 g |

## れんこん

小 1 節 150g（正味 120g）

| | | | |
|---|---|---|---|
| エネルギー | 79 kcal | カリウム | 528 mg |
| たんぱく質 | 2.3 g | リン | 89 mg |
| 食塩相当量 | 0.1 g | 水分 | 97.8 g |

## ごぼう

中 1/2 本 100g（正味 90g）

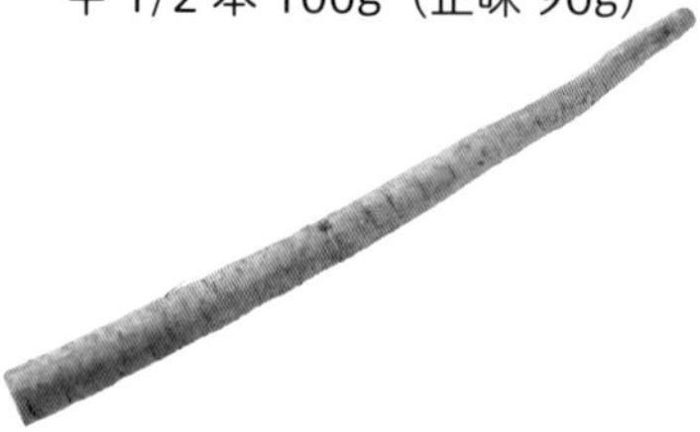

| | | | |
|---|---|---|---|
| エネルギー | 52 kcal | カリウム | 288 mg |
| たんぱく質 | 1.6 g | リン | 56 mg |
| 食塩相当量 | 0 g | 水分 | 73.5 g |

## 長いも

5㎝長さ 100g（正味 90g）

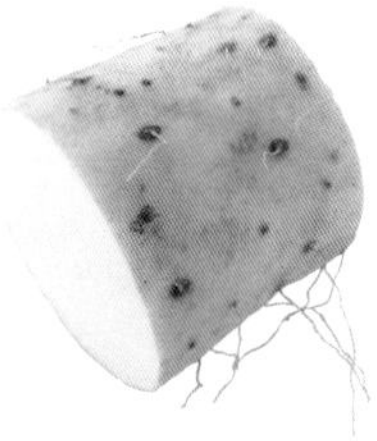

| | | | |
|---|---|---|---|
| エネルギー | 58 kcal | カリウム | 387 mg |
| たんぱく質 | 2.0 g | リン | 24 mg |
| 食塩相当量 | 0 g | 水分 | 74.3 g |

## じゃがいも

1 個 150g（正味 135g）

| | | | |
|---|---|---|---|
| エネルギー | 80 kcal | カリウム | 554 mg |
| たんぱく質 | 2.4 g | リン | 63 mg |
| 食塩相当量 | 0 g | 水分 | 107.7 g |

## レタス

中 1/2 個 200g（正味 196g）

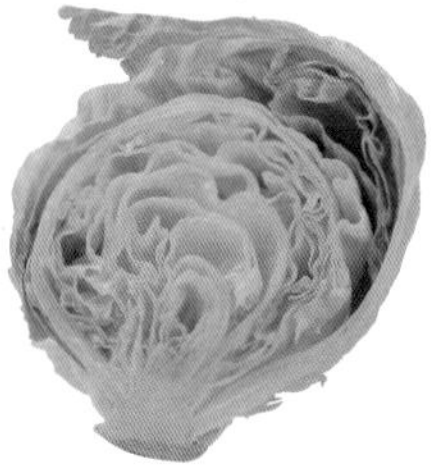

| | | | |
|---|---|---|---|
| エネルギー | 22 kcal | カリウム | 392 mg |
| たんぱく質 | 1.2 g | リン | 43 mg |
| 食塩相当量 | 0 g | 水分 | 188.0 g |

## もやし（ブラックマッペ）

1/4 袋 50g

| | | | |
|---|---|---|---|
| エネルギー | 9 kcal | カリウム | 33 mg |
| たんぱく質 | 1.1 g | リン | 16 mg |
| 食塩相当量 | 0 g | 水分 | 47.4 g |

## 調味料・油脂・粉類

＜小さじ1（5mℓ）に含まれるエネルギー、たんぱく質、食塩相当量＞

| 食品名 | 小さじ1（5mℓ） | エネルギー（kcal） | たんぱく質（g） | 食塩相当量（g） |
|---|---|---|---|---|
| 塩（精製塩） | 6g | 0 | 0 | 6.0 |
| 塩（並塩） | 5g | 0 | 0 | 4.9 |
| しょうゆ（濃口） | 6g | 5 | 0.5 | 0.9 |
| しょうゆ（薄口） | 6g | 4 | 0.3 | 1.0 |
| みそ（辛みそ・淡色） | 6g | 11 | 0.8 | 0.7 |
| みそ（甘みそ） | 6g | 12 | 0.6 | 0.4 |
| 米酢 | 5g | 3 | 微 | 0 |
| ポン酢しょうゆ | 6g | 3 | 0.2 | 0.3 |
| ウスターソース | 6g | 7 | 0.1 | 0.5 |
| 濃厚ソース | 6g | 8 | 0.1 | 0.3 |
| オイスターソース | 6g | 6 | 0.5 | 0.7 |
| トマトケチャップ | 5g | 6 | 0.1 | 0.2 |
| 顆粒和風だし | 3g | 7 | 0.7 | 1.2 |
| 顆粒中華だし | 3g | 6 | 0.4 | 1.4 |
| 本みりん | 6g | 15 | 微 | 0 |
| 清酒（普通酒） | 5g | 5 | 微 | 0 |
| めんつゆ（3倍濃縮） | 5g | 5 | 2.2 | 0.5 |
| めんつゆ（ストレート） | 5g | 2 | 0.1 | 0.2 |
| マヨネーズ | 4g | 27 | 0.1 | 0.1 |
| フレンチドレッシング | 5g | 17 | 微 | 0.3 |
| 上白糖 | 3g | 12 | (0) | 0 |
| はちみつ | 7g | 23 | 微 | 0 |
| ごま油 | 4g | 36 | 0 | 0 |
| サラダ油（調合油） | 4g | 35 | 0 | 0 |
| オリーブ油 | 4g | 36 | 0 | 0 |
| 有塩バター | 4g | 29 | 微 | 0.1 |
| 食塩不使用バター | 4g | 29 | 微 | 0 |
| 小麦粉（薄力粉） | 3g | 10 | 0.2 | 0 |
| かたくり粉 | 3g | 10 | 微 | 0 |

## 副菜 ＜緑黄色野菜＞

| たんぱく質(g) | 料理名 | 掲載ページ |
|---|---|---|
| 0.3 | ミニトマトのマリネ | 84 |
| 0.4 | 小松菜のおかかあえ | 74 |
| 0.8 | チンゲンサイのごま酢あえ | 78 |
| 0.8 | チンゲンサイのしょうがじょうゆあえ | 92 |
| 0.9 | さやいんげんの揚げびたし | 110 |
| 1.0 | ピーマンの塩こんぶ煮 | 109 |
| 1.4 | ほうれんそうのおろしあえ | 52 |
| 1.6 | さやいんげんのごまあえ | 108 |
| 1.6 | ミニトマトときゅうりのサラダ | 62 |
| 1.7 | ほうれんそうのおかかあえ | 108 |
| 1.8 | かぼちゃのサラダ | 111 |
| 1.9 | チンゲンサイのかにかまマヨあえ | 64 |
| 2.0 | 小松菜の煮びたし | 70 |
| 2.2 | 野菜のヨーグルトドレッシング | 111 |
| 2.5 | ブロッコリーのサラダ | 88 |

### ＜淡色野菜・いも＞

| たんぱく質(g) | 料理名 | 掲載ページ |
|---|---|---|
| 0.2 | 大根とにんじんのピクルス | 72 |
| 0.3 | 大根のレモン酢あえ | 60 |
| 0.4 | きゅうりの青じそもみ | 56 |
| 0.6 | 大根ときゅうりのサラダ | 66 |
| 0.7 | 野菜の甘酢漬け | 86 |
| 0.7 | さつまいものきんぴら | 68 |
| 0.8 | かぼちゃのソテー | 62 |
| 0.8 | なすとオクラの揚げびたし | 74 |
| 1.1 | かぶのサラダ | 90 |
| 1.1 | ごぼうと桜えびのきんぴら | 110 |
| 1.1 | れんこんとにんじんの甘酢いため | 70 |
| 1.2 | レタスと夏野菜のわさびマヨネーズ | 72 |
| 1.3 | キャベツの蒸し煮 | 54 |
| 1.6 | 長いもの含め煮 | 56 |
| 1.6 | ポテトサラダ | 80 |
| 1.7 | 長いものせん切り | 92 |
| 2.0 | キャベツとアスパラの和風いため | 76 |

### ＜きのこ・海藻＞

| たんぱく質(g) | 料理名 | 掲載ページ |
|---|---|---|
| 1.1 | きのこのだしポン酢 | 68 |
| 2.3 | ひじきと大豆の煮物 | 109 |

## 汁物

| たんぱく質(g) | 料理名 | 掲載ページ |
|---|---|---|
| 0.2 | わかめスープ | 86 |
| 0.4 | のりの小吸い物 | 113 |
| 0.5 | せん切り野菜のコンソメスープ | 113 |
| 0.7 | せん切り野菜のスープ | 58 |
| 1.4 | さつまいもとわかめのみそ汁 | 76 |
| 1.4 | なすのみそ汁 | 52 |
| 3.0 | 具だくさんみそ汁 | 112 |
| 3.4 | かぶと桜えびのみそ汁 | 64 |

## デザート・飲み物

| たんぱく質(g) | 料理名 | 掲載ページ |
|---|---|---|
| 0 | はちみつレモンソーダ | 66 |
| 0.1 | 黒みつのくずきり風 | 114 |
| 0.2 | パイナップル缶詰 | 114 |
| 0.2 | 抹茶かん | 115 |
| 0.2 | りんご | 54 |
| 0.2 | レモンティー | 82 |
| 0.3 | みかん缶 | 60 |
| 0.3 | 桃缶詰 | 114 |
| 0.3 | りんごのコンポート | 90 |
| 0.4 | ぶどう(デラウエア) | 60 |
| 0.8 | フルーツポンチ | 78 |
| 0.9 | オレンジ | 82 |
| 1.2 | ヨーグルト&ブルーベリー | 88 |
| 1.8 | ヨーグルト&ナッツ | 58 |

## 料理編

本書で紹介した料理（主食、主菜、副菜、汁物、デザート）を１人分（1食分）のたんぱく質量が少ない順に並べています。献立を組み立てる際に参考にしてください。

### 主食（ご飯・パン・めん）



### 主菜 <肉・肉加工品>



### <魚介・魚介加工品>



### <卵・大豆製品>

## 食材栄養データ編

＊本書で紹介した食材で、栄養データを掲載しているものを五十音順に並べています。

## 医療編

■ 医学監修　髙《たか》野《の》秀《ひで》樹《き》

国立国際医療研究センター病院 院長補佐 / 腎臓内科診療科長（病院広報管理室長） / 栄養管理・NST 委員会委員長。医学博士（東京大学）、日本内科学会総合内科専門医・内科指導医、日本腎臓学会腎臓専門医・指導医、日本リウマチ学会リウマチ専門医・指導医、日本透析医学会透析専門医・指導医、日本医師会健康スポーツ医。北海道大学医学部卒業後、東京大学医学部附属病院、虎の門病院腎センター、亀田総合病院、日立製作所日立総合病院、東京逓信病院腎臓内科を経て現職。『東京逓信病院のおいしい腎臓病レシピ』『尿の色健康手帖』（ともに主婦の友社）、『人体解剖図鑑』（KK ベストセラーズ）、『腎臓内科診療の掟』（中外医学社）などの監修・編・著書がある。

■ 栄養監修　国立国際医療研究センター病院栄養管理部

矢《や》ヶ《が》崎《さき》栄《えい》作《さく》　鷲《わし》尾《お》貴《たか》江《え》

■ 料理監修　貴《き》堂《どう》明《あき》世《よ》　クオリーヴァ Cu Oliva 主宰　管理栄養士



栄養データ作成　貴堂 明世
料理・レシピ作成　伊藤 玲子　岩﨑 啓子　大越 郷子　貴堂 明世
早 寿美代（兎兎工房）
運動指導　黒田 恵美子
リラックス法指導　船水 隆広
装丁　吉村 朋子
本文デザイン　植田 尚子
イラスト　オカダナオコ　岸 潤一　シママスミ　福留 鉄夫
堀込 和佳　横井 智美
撮影　佐山 裕子　松木 潤（主婦の友社）
三宅 文正（フォトオフィス KL）　安井 真喜子
料理スタイリング　兎兎工房
調理助手　浦 美保
編集協力　伊藤 左知子　早 寿美代
編集担当　平野 麻衣子（主婦の友社）


＊本書に掲載されている食品と料理の栄養成分値は、文部科学省科学技術・学術審議会資源調査分科会報告「日本食品標準成分表 2020 年版（八訂）」にもとづいて算出しています。食材は品種や産地や季節などの条件によって異なります。栄養成分値は平均的な数字ですのでめやすとしてご利用ください。


国立国際《こくりつこくさい》医療研究《いりょうけんきゅう》センター病院《びょういん》の

腎《じん》機《き》能《のう》を守《まも》るおいしい食《しょく》事《じ》大《だい》全《ぜん》科《か》

2024 年 1 月 31 日　第 1 刷発行

編　者　主婦の友社
発行者　平野健一
発行所　株式会社主婦の友社
〒141-0021　東京都品川区上大崎 3-1-1 目黒セントラルスクエア
電話　03-5280-7537（内容・不良品等のお問い合わせ）
049-259-1236（販売）
印刷所　大日本印刷株式会社




ISBN978-4-07-456208-4